ちくま新書

# 生活保護
## ——知られざる恐怖の現場

今野晴貴
Konno Haruki

1020

# はじめに

芸能人の母親の「不正受給」報道以来、生活保護制度への「バッシング」が高まっている。

2012年4月12日に発売された『女性セブン』（小学館）の「年収5000万円 超人気芸人『母に生活保護』の仰天の言い分」というタイトルの記事がきっかけだった。その後、各メディアはこぞって「犯人探し」を始め、当人が謝罪に追い込まれるに至る。

さらに、生活保護は政治問題にまで発展し、「不正受給」の取り締まりの強化、さらには給付額の削減までが実現しようとしている。一つの事件をきっかけにして、生活保護制度全体が変わろうとしているのだ。

確かに、高額所得の芸能人の母親が生保を受給していたという事実にはインパクトがある。もっと低所得の人が母親を支えていることも、珍しいことではない。だが、問題は、この事件を通じて「家族の扶養《ふよう》」が生活保護に優先される、「新しいルール」のようになろうとしていることだ。

芸能人の事件の後、今度は東大阪市の職員の親族が生保保護を受給していることが問題にされた。メディアはこぞって非難を繰り返した。しかし、冷静に考えてみると、市職員の収入だけで、「親戚のおじさんやおばさん」の生活まで面倒をみるのには、無理がある。親戚の面倒をみる代わりに、その職員の子どもは大学に進学することができなくなってしまうかもしれない。

## †思考停止状態

私は、「バッシング」が高じるあまり、冷静に「社会保障制度」としての生活保護の機能が議論されず、無視されていることに強い危機感を持っている。いわば、「思考停止状態」の中で、制度改革論が先行しているように見えるのである。

すこし考えてみればわかることだが、もし、親族の扶養が社会保障の中心的な「制度」になるのだとしたら、あなた自身が、身の回りの貧困者の面倒をみなければならなくなる。また、私たち自身が困窮《こんきゅう》した時にも、国に頼ることができず、「恥を忍んで」周囲の人々に助けを求めなければならない。それは大変な屈辱《くつじょく》と、自尊心の解体を伴う作業である。

そして、こうした「屈辱」を振り切って援助を受けることができたとしても、今度は親族関係・親子関係・友人関係などが破壊され、自立や社会生活を難しくしてしまうだろう。就職先を見つけ、社会参加する以前に精神疾患を患《わずら》ってしまうかもしれない。

このように、国家の「制度」としての生活保護の機能不全・解体は、大多数の人々＝「私たち」にとって、さらには国家や社会全体にとっても大きな害悪をもたらす可能性があるのだ。

しかも、今回の「バッシング」は、一般市民やメディアのレベルを超えて、先ほども述べたような政治的な現象にまで広がっている。法改正はその一つの表れである。保護給付額の減額、申請の厳格化、罰則の強化などが、今国会で実現しようとしている。

さらに、「バッシング」は、生活保護行政の「制度運用」のレベルをも変質させつつある。この間みられるのは、行政の「暴走」ともとれる事態である。厚生労働省の指摘、都道府県の担当課の指示を無視し、「独断」で違法行政を敢行《かんこう》する自治体が現れ始めたのだ。これまでの生活保護行政も違法なことは多々あったが、上級官庁の指導を公然と無視するということは、考えられなかった。

「最近の報道があるから」「空気を読んで」生活保護を辞退しろ。生活保護を運用する現場のレベルでは、「法改正」をするまでもなく、感情に任せた運用が行われている。だが、生活保護法の運用が侵されるということは、国の社会保障制度が機能不全を引き起こすということだ。

生活保護がまったく機能しない社会を想像してみればよい。それは貧困にストッパーがなく、人々は生きるために「どんな手」でも使わなければならない社会である。犯罪が増え、病気になっても医療が受けられずに、尊厳もなく人が道端で死んでいく。

そして、人々が不健康で、高等教育も受けられないような社会であれば、経済発展などできない。当然、投資も、優秀で健康な人材のいる国に向かうだろう。つまり、福祉政策の問題とは、「経済問題」でもあるのだ。

国家の制度としての生活保護が、どのような意義を持ち、どれだけその機能を果たしているのか、という冷静な政策的視点こそが必要なのである。

## †違法行政の実態

私がこのように考えるようになったのは、自身の労働・生活相談の経験からである。

私は大学在学中の2006年に、若者の雇用問題に取り組むNPO法人「POSSE」

を立ち上げ、以来、年間数百件に及ぶ若者からの労働相談を受け、彼らの労働実態を調査し、政策提言も行ってきた（雑誌『POSSE』を年4回発行）。

09年からは生活保護の相談も受けてきたが、不合理な相談ばかりで、なぜこんなことを、と首をかしげてしまうことが多かった。

受給者に対する、行政職員による執拗《しつよう》な圧迫、いじめが繰り返されて、精神病に追い立てられる。「審査」の際に車や家財の処分を求められて、ますます自立が困難になる相談者。最近では窓口に警察関係者が配置され、ケースワーカーは刑事まがいの尾行、捜査を行う。もちろん、これらの「捜査」には多額の税金が投入されている

遠大な労力が、貧困の削減や自立の促進ではなく、「救済すべき貧困者かどうか」を審判するために用いられているのである。膨大な税金を使いながら、貧困をますます加速させていくという悪循環。

## †本書の構成

本書では、第一に、こうした「悪循環」がどのように成立しているのかを、違法行政を類型化し、詳細に実態に迫っていくことで明らかにしていく。それは、これまでの生活保

護論にない、新しい問題提起をしていく企《くわだ》てである。

第二に、これを踏まえ、なぜバッシングが生じるのかを考察し、最後に、それらの「実態」を通じて、どう福祉を変えていくべきなのかを考えていく。思考の幅を広げ、本当に、日本全体にとってあるべき福祉の姿を考えていこう。


本書の簡単な章立てを示しておこう。

第1章では、バッシング以後、生活保護行政でどのような運用がなされているのか、POSSEが受けた相談をもとに「行政の暴走」を検証していく。

第2章では、生活保護の「入口」で申請を受け付けずに「追い返す」という違法行為の事例を中心に、生活保護行政が人々の命を奪ってきた事例を検証していく。それを通じて、近年問題となっている「孤独死」についても、生活保護行政との関連で考えていく。

第3章では、生活保護の利用を開始した後の違法行政の実態をみていく。生活保護の「入口」における違法行為は「水際《みずぎわ》作戦」として社会問題となってきたが、生活保護利用開始後の違法行為に関してはあまり知られていない。「生活保護受給者は楽をしている」と思っている人も多いだろう。しかし実際のところ、生活保護受給者は、人権無視のむごい取り扱いを受けている。このことを相談事例から明らかにしていくとともに、なぜそのような違法行為が生じてくるのか分析していく。

第4章では、第3章までみてきた違法行為が、いかに生活保護制度そのものの機能不全を引き起こし、日本社会全体に対してどのような影響を与えているのかをみていく。

第5章では、生活保護をめぐる言説や現象が、どのような構造のもとで生じてくるのかを分析し、日本の社会政策全体との関連から、生活保護制度の改革の方向性を提示していきたい。

そして終章では、これまでの検証をベースに、今国会で成立する見通しとなっている生活保護改正法案が、現実の生活保護行政に与える影響について分析する。

最後になるが、実は、私自身は、現場で生活相談を受けながらも、「労働問題」を専門とする研究者である。しかし、だからこそ、通常の生活保護問題の解説とは異なる、より広い視座（大多数の人々＝働いている人）から、この問題を客観的にとらえることが可能になると考えている。

本書を通じ、生活保護問題の「考え方」の大きな転換を、提案していきたい。

本書は、私が代表を務めるＮＰＯ法人ＰＯＳＳＥに所属するスタッフたちの体験を書き綴ったものを、私が編集したものである。そのため、本書は20代の学生・社会人のスタッフたちが、日々相談を受け、現場で奮闘してきた取り組みの報告でもある。本書の中で「私」と表現している場面に、実際に私自身が参画していない場合を含んでいることを、あらかじめ注記しておきたい。

# 生活保護——知られざる恐怖の現場【目次】

# 第1章 生活保護の現場で何が起きているか

## 1　生活保護問題とは何か

2012年5月、マスメディアでは、生活保護バッシングが連日のように吹き荒れていた。発端は、高額所得者である芸能人の母親が生活保護を受給しているという週刊誌の報道である。「親を扶養できる／すべきなのにその義務を果たしていない」「不正受給ではないか」と彼への非難が集中し、何人かの政治家もその列に加わった。

次第に批判の対象は、この芸能人から生活保護受給者一般へと広がり、生活保護受給者へのネガティブなイメージが毎日のように再生産されていった。ワイドショーでは「生活保護をどう思いますか？」と道行く人々にインタビューし、大阪府内の一部市町村は保護受給者の「不正」を通報するようホットラインを設置する。雑誌やウェブのアンケート企画では、「生活保護受給者はスマートフォンを使っていいのか」「牛丼屋で牛丼を頼んでいいのか」ということまで議論された。世間が、生活保護受給者に要求する「救済に値する条件」は、「極貧《ごくひん》状態」を超えて「飢餓《きが》水準」とでもいうべきものとなっていった。

生活保護を受給している埼玉県在住の50歳代男性はこう語る。

「月に20~30回くらい、ハローワークに通って、紹介された企業と面接できたのは1回だけ。生活保護を受けているというだけで、あたかも犯罪者のように言われて断られた。バッシングされて、私のような就労を求めている人の出口が、さらに狭くなるのではないか。私だけでなく、仕事を探している人の思いを考えると、かなり追いつめられる。偏見が大きくなるのではと、危惧《きぐ》している。たった1社面接を受けられた会社でも、最後に、〝人のお金で飯くっている人は雇わない〟と言われました」(「『引きこもり』するオトナたち第110日」ダイヤモンド・オンライン、2012年6月8日)。

5月末には、小宮山洋子《こみやまようこ》厚生労働大臣(当時)が生活保護基準の引き下げや親族による扶養義務の強化に言及し、言説レベルでのバッシングは制度改革を射程に入れた議論へと移行していった。

## †生活保護を辞退したい——寄せられる相談の変化

そんななか、NPO法人POSSEに寄せられる生活相談の件数は激増していた。それまで年間30件ベースだった生活保護関係の相談が5~6月には25件を超え、7月には倍増して51件を記録している。

寄せられた相談は、貧困者の生活保護申請が拒否され「生きていけない」というものや、受給中の人がケースワーカーによる「指導」と称したパワーハラスメントを受けているというもの、さらには、実際に貧困や病気を抱えたままで保護が打ち切られてしまった人もいた。また、本当に困窮している状態なのに、「自分は不正受給ではない」ことを不必要なまでに強調する相談者も見られた。

全国の法律家などが中心になって2012年6月に開催した「生活保護緊急相談ダイアル」には363件もの相談が寄せられたが、なんらかのかたちで不安を訴えた相談者は1・60人に及んだ（図表1）。

さらに深刻なことは、現在生活保護受給中だが、保護を辞退したい……という相談が出始めたことである。

東北地方に暮らす女性（20代）は、以前働いていた介護事業所での長時間労働や、非正規雇用にもかかわらず課せられた過剰なノルマの重圧から精神疾患を患い、就労が困難な状態となっていた。障害者手帳を取得し、生活保護を受給しながら細々とした生活を送っていた彼女にとって、毎日テレビやインターネット上のニュースで流れる生活保護受給者

**図表1　「生活保護緊急相談ダイアル」不安の訴えの内容**

| 不安の訴え（なんらかの不安を訴えた人：160名） | |
|---|---|
| ①打ち切られるのではないか | 22 |
| ② DV 被害者。夫に連絡がいくのではないか | 5 |
| ③指導が厳格になるのではないか | 22 |
| ④親族に扶養を要請され、迷惑をかけるのではないか | 42 |
| ⑤生活保護を受けることに後ろめたさを感じる | 22 |
| ⑥外出しにくくなった | 11 |
| ⑦ TV・新聞・週刊誌が見られなくなった | 8 |
| ⑧人の目が怖くて気になる | 12 |
| ⑨夜眠れなくなった | 14 |
| ⑩投薬量が増えた | 3 |
| ⑪食欲が落ちた | 6 |
| ⑫体調が悪くなった | 19 |
| ⑬自分は生活保護を受けられないのではないか | 42 |
| ⑭他 | 66 |
| 計 | 294 |

＊なんらかの不安を訴えた160人の不安内容の内訳、複数回答

への批判は堪えがたいものだったという。

「怠け者と言われるのがつらい。苦しい。死ね、死ねと言われるくらいなら餓死して憐《あわ》れまれる方がまし。疲れてしまった」と語った彼女は、スーパーで買い物をするにも周囲の目が気になるようになり、やがて自宅に引きこもり、毎月役所で受け取っていた保護費ももらいに行けなくなった。担当のケースワーカーに生活保護の受給を辞めたいと申し出たところ、「不正受給ではないから辞める必要はない」と対応されたが、「辞退するにはどうしたら良いか」というのが彼女の相談だった。

ＰＯＳＳＥに寄せられたこのタイプの

相談はほんの数件だったが、これはおそらく氷山の一角にすぎない。

### †「最後の挑戦」としての生活保護申請

生活保護不正受給の報道の中には、「生活保護をもらっていい生活をしている実例」が数多く登場する。私もよく知人に「生保のくせにブランド物のバッグを持っている人がいる」などという話を聞かされることはある。

だが、これらの報道や見方には、いくつもの「事実誤認」があるように思う。本論に入る前に、簡単に「誤解」を解いておこう。まず、日本で生活保護を受給するためには、世界的に見て異例なほどの「審査」が行われる。家や預金、さらには生命保険などの「財産」は、基本として「使い果たす」ことが求められる（資産価値のない家の場合には、その家に住み続けられる場合もあるが、ローン完済前であればほとんどの場合は売却を迫られる）。

また、財産の処分だけではなく、預金通帳がすべてチェックされ、引き出すたびに、「何に使ったのか？」を問われることもある。プライバシーが丸裸にされ、ひたすらに、「貧困者」であることの証明が求められるのだ。これは、個人としての尊厳をはぎとられる、過酷な過程である。

そのうえ、周囲の親戚に行政職員からの通知や電話による確認、扶養の要請が行われる。何度も祖父母や叔父、叔母にまで連絡される。こうなると、親戚中から「金に困っている人」とみなされて、敬遠されるようになる。そして、場合によっては、行政が親族を訴えるケースまである。これが、何十年も前から繰り返されてきた生活保護行政の実態である。

日本で生活保護の申請を行うことは、生半可な作業ではないのである。

このように、「極貧状態」でなければ、生活保護を受給することは、日本ではほぼ不可能に近い。仮に「ブランド物のバッグ」をもっていたとしても、その人は預金などを一切持っていない。知人などにそのバッグを「贈られた」としても、当人の経済状況としては「極貧状態」に違いないのである。

もちろん、当人が「極貧状態」であったとしても、実際には恋人がいて、それなりの生活をしているという場合もあるだろう。そうした「偽装」を本気で企てれば、まったく不可能ではないかもしれない。

だが、思い出してほしい。生活保護を受給するには、ほとんどの財産を処分し、親戚中に連絡され、全力で自分が「無力な人間である」ことを世間に証明する必要がある。もちろん、偽装行為などは、すぐにばれてしまう。そのリスクにもおびえながらの生活である。

そこまでして生活保護を受給して、「得」だと思う人は、常識的に考えて、ほとんどいない。もしいたとしても、その人は、もはや「かたぎ」のような生活実感を持っていない人だ。

一般の人々にとっては、「働くよりも生保の方が楽」などというのは「神話」なのである。むしろ現実の生活保護の受給申請は、すべての尊厳とプライバシーをかなぐり捨ててでも、「死ぬよりはましだ」という強い決意のもとに行われる、「最後の挑戦」なのである。

## †生活保護の「水準」

また、生活保護制度で給付される金額は、都市部・単身で、家賃を入れてせいぜい11万~12万円程度である。地方では10万円にも満たない場合もある。具体的には、図表2のとおりである。都市部と地方の間でだいぶ格差が大きいが、相当ぎりぎりの水準であることがわかる。

地方であれば、子どもがいても、年収200万円程度なのである。しかも、彼らは受給の条件として、資産の喪失が求められている。親族からの援助も、すべて保護費と相殺される。だから、保護を受け続ける限りは、この金額以上の生活をすることは、決して許さ

## 図表2　生活保護における給付額の水準

| 東京都区部（級地1－1）、30代男性、単身の場合 | | |
|---|---|---|
| 費目 | 支給金額 | 詳細 |
| 生活扶助 | 83,700円 | 生活扶助Ⅰ類40,270円＋Ⅱ類43,430円 |
| 住宅扶助 | 53,700円 | 級地1－1の住宅扶助額上限 |
| 総支給額 | 137,400円 | |

| 東京都区部（級地1－1）、40代女性、母子世帯（高校生の子ども1人）の場合 | | |
|---|---|---|
| 費目 | 支給金額 | 詳細 |
| 生活扶助 | 130,420円 | 生活扶助Ⅰ類82,350円＋Ⅱ類48,070円 |
| 住宅扶助 | 69,800円 | 級地1－1の住宅扶助額上限 |
| 母子加算 | 23,360円 | 18歳未満の子ども1人の場合 |
| 高等学校等就学費 | 5,300円 | 高校生1人 |
| 総支給額 | 228,880円 | |

| 千葉県木更津市（級地3－2）、30代男性、単身の場合 | | |
|---|---|---|
| 費目 | 支給金額 | 詳細 |
| 生活扶助 | 68,630円 | 生活扶助Ⅰ類33,020円＋Ⅱ類35,610円 |
| 住宅扶助 | 37,200円 | 級地3－1の住宅扶助額上限 |
| 総支給額 | 105,830円 | |

| 千葉県木更津市（級地3－1）、40代女性、母子世帯（高校生の子ども1人）の場合 | | |
|---|---|---|
| 費目 | 支給金額 | 詳細 |
| 生活扶助 | 106,950円 | 生活扶助Ⅰ類67,530円＋Ⅱ類39,420円 |
| 住宅扶助 | 48,400円 | 級地3－1の住宅扶助額上限 |
| 母子加算 | 20,020円 | 18歳未満の子ども1人の場合 |
| 高等学校等就学費 | 5,300円 | 高校生1人 |
| 総支給額 | 180,670円 | |

れないのだ。

持家《もちいえ》もなく、月10万円での生活では、「極貧状態」であることに変わりはない。受給者は、親族の冠婚葬祭に出向く金もなく、（当然、周囲からは生活保護であるという「視線」にさらされるために）生活自体も孤立していくことが多い。

「友達と食事に行く」などということもできないだろう。2013年2月に行われた、生活保護受給者を対象とした生活実態調査では、交際費を捻出する余裕もなく、冠婚葬祭にも参加できない人が約7割に達することがわかっている。ある有名な事件では、受給者が「老後の介護費用に」と、毎月保護費から少しずつ「貯めて」いた。ところが、これが行政に見つかると、「不正」だということで「死後の葬儀費用」にされ、残りは「収入」と認定され、保護費が減額されてしまっている。

保護受給者には、将来に向けた準備は「葬式」くらいしか、認められていないのである。だから、よく「保護ばかり受けて、働かない人が増える」などと、まことしやかに言う人がいるが、そうした議論が成立する余地は、ほとんどない。だれもこんな「極貧生活」で満足しないからだ。

だから、通常は、働く能力があれば生活保護を忌避し、働こうとする。まして、保護の

図表３　各国の公的扶助利用率・捕捉率の比較（2010年）

| | 日本 | ドイツ | フランス | イギリス | スウェーデン |
|---|---|---|---|---|---|
| 人口 | 1億2700万人 | 8177万人 | 6503万人 | 6200万人 | 941万5570人 |
| 生活保護利用者数 | 199万8957人 | 793万5000人 | 372万人 | 574万4640人 | 42万2320人 |
| 利用率 | 1.6% | 9.7% | 5.7% | 9.27% | 4.5% |
| 捕捉率 | 15.3〜18% | 64.6% | 91.6% | 47〜90% | 82% |

出典：生活保護問題対策全国会議（2011）『生活保護「改革」ここが焦点だ！』あけび書房

開始までに「極貧の証明」と、親族や周囲への告知という、すさまじいペナルティーがあるのだから、なおさらである。

### †国際比較

国際比較もしておこう。図表3は、各国の公的扶助制度の捕捉率（最低生活費以下の収入の人で、生保を利用している人の割合）や、国民全体の中での利用率を比較したものである。いかに日本人が公的扶助（生活保護）を利用せず、「我慢」しているのかがわかる。

日本では生活保護基準以下で約8割もの人が耐えている。一方で、海外では日本人の何倍もの割合の人たちが、公的扶助を受けているのだ。

### †近年の増加と内訳

たしかに、生活保護の受給者は、図表4のとおり、近年実

図表4　被保護世帯数、被保護人員、保護率の年次推移

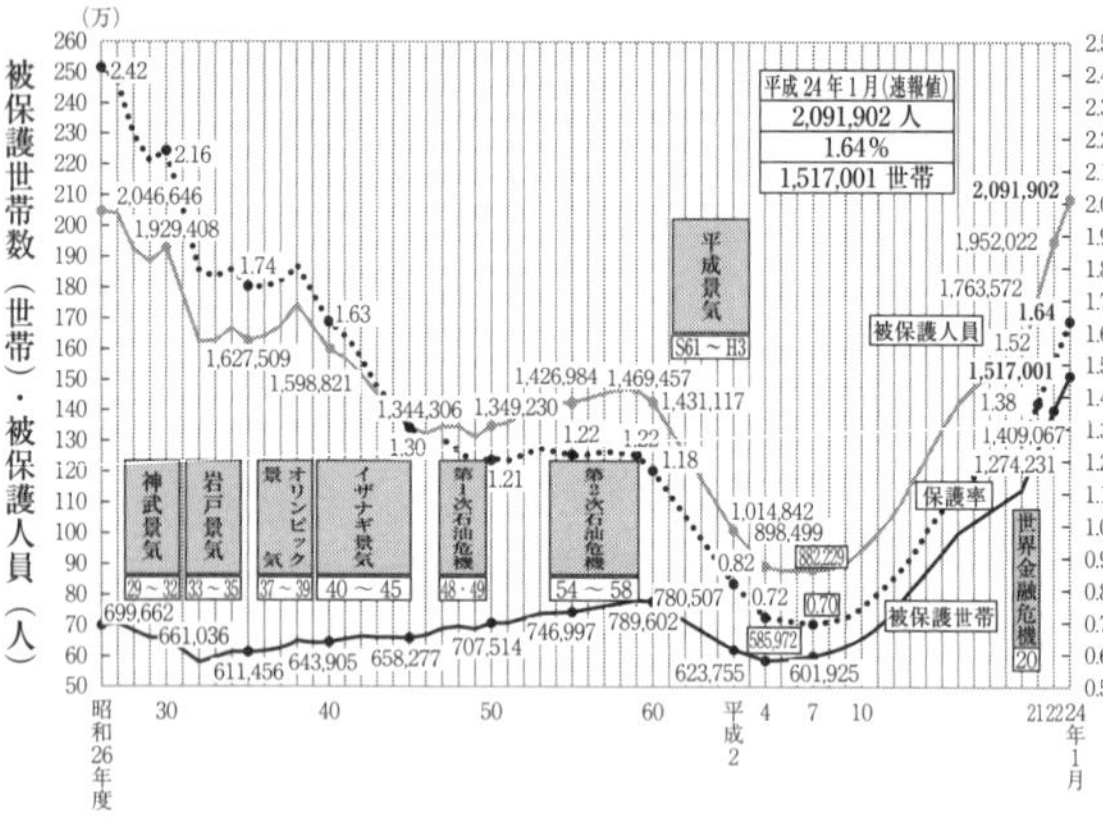


出典：厚生労働省「第1回社会保障審議会生活困窮者の生活支援の在り方に関する特別部会　資料3-2　生活保護制度の状況等について」(2012/4/26)

数・保護率ともに増加している。

ただ、その内訳を見てみると（図表5〜6）、その大半は高齢者と母子世帯、病気や障害を抱えた人であることがわかる。「さぼっている人が生保をもらっている」という一般のイメージは、ここでも裏切られる。

## †「不正受給」

ちなみに、最近よく報道されている「不正受給」と呼ばれているものの実態は次のようなものだ（図表7）。年金や子どものアルバイトなどの未申告が目立つ。年金については、生金を支給するのも行政なのだから、「役所はすでに把握している」と思

## 図表 5　世帯類型別の保護世帯数と世帯保護率の推移

10 年前と比較すると、各世帯類型ごとにみた保護世帯数、世帯保護率ともに増加しているが、特に、稼働年齢層と考えられる「その他の世帯」の割合が大きく増加している。

10 年前（平成 12 年度）

| | 被保護世帯総数 | 高齢者世帯 | 母子世帯 | 傷病・障害者世帯 | その他の世帯 |
|---|---|---|---|---|---|
| 世帯数<br>（構成割合（%）） | 750,181<br>（100） | 341,196<br>（45.5） | 63,126<br>（8.4） | 290,620<br>（38.7） | 55,240<br>（7.4） |
| 世帯保護率（‰） | 16.5 | 43.9 | 106.1 | 9.3 | |

4 倍強の増加

現在（平成 22 年度）

| | 被保護世帯総数 | 高齢者世帯 | 母子世帯 | 傷病・障害者世帯 | その他の世帯 |
|---|---|---|---|---|---|
| 世帯数<br>（構成割合（%）） | 1,405,281<br>（100） | 603,540<br>（42.9） | 108,794<br>（7.7） | 465,540<br>（33.1） | 227,407<br>（16.2） |
| 世帯保護率（‰） | 28.9 | 59.1 | 153.7 | 18.4 | |

（参考）その他の世帯のうち 20 ～ 29 歳が 5.2%、50 歳以上が 54.9%
（平成 21 年）

世帯類型の定義
高齢者世帯：男女とも 65 歳以上（平成 17 年 3 月以前は、男 65 歳以上、女 60 歳以上）の者のみで構成されている世帯か、これらに 18 歳未満の者が加わった世帯
母子世帯：死別、離別、生死不明及び未婚等により、現に配偶者がいない 65 歳未満（平成 17 年 3 月以前は、18 歳以上 60 歳未満）の女子と 18 歳未満のその子（養子を含む）のみで構成されている世帯
障害者世帯：世帯主が障害者加算を受けているか、障害・知的障害等の心身上の障害のため働けない者である世帯
傷病者世帯：世帯主が入院（介護老人保健施設入所を含む）しているか、在宅患者加算を受けている世帯、もしくは世帯主が傷病のため働けない者である世帯
その他の世帯：上記以外の世帯
資料出所：福祉行政報告例／国民生活基礎調査

出典：厚生労働省「第 1 回社会保障審議会生活困窮者の生活支援の在り方に関する特別部会　資料 3-2　生活保護制度の状況等について」（2012／4／26）

### 図表6　非保護世帯の構成（2010年）

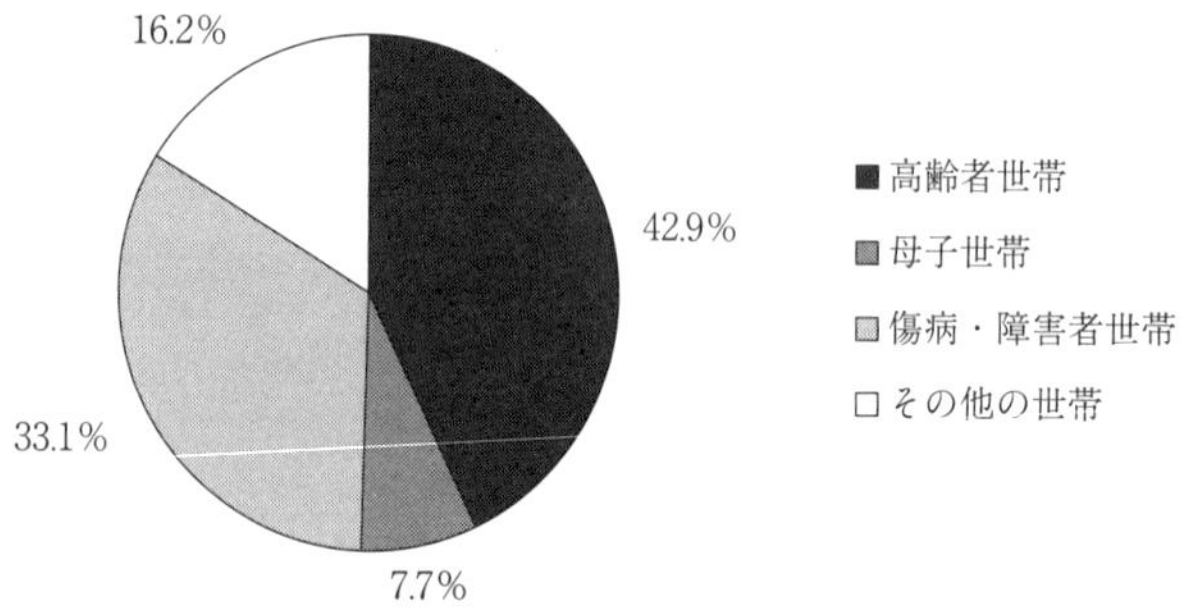


### 図表7　福祉事務所における「不正受給」実態の聞き取り結果

| | |
|---|---|
| 事例1 | ある福祉事務所では、ある年度に課税調査から発見され、不正受給とされた18件中、6件が高校生のアルバイト収入の未申告であり、また2件が借金が原因であった。計8件（44%）については、少なくとも全額を不正受給としなくてよかったと思われる。 |
| 事例2 | ある福祉事務所では、ある年度に不正受給とされた件数、金額のうち、件数で最大5割、額で最大6割が、年金未申告は福祉事務所の調査により、多重債務の未把握は解決策の助言などにより、少なくともその全額を不正受給としなくてもよかった（つまり早い段階での福祉事務所の適切な対応によって不正受給とはならなかった可能性がある）と思われた。 |
| 事例3 | ある福祉事務所では、ある年度に不正受給とされた20件のうち、高校生のアルバイト収入が3件、ケースワーカーの調査不足によると思われる年金の未把握事例が1件あった。つまり、4件（20%）は不正受給とはならなかった可能性があると思われる。 |

出典：吉永純（2011）『生活保護の争点』高菅出版

い込み、結果として未申告となったケースが多い。

また、高校生のアルバイトについても、子どもが親の知らないうちに小遣い稼ぎをしていたり、親が「子どものアルバイトは世帯収入の申告対象にあたらないのではないか」と思い込んでいたりする。親が子どもに伝えていなかったために、「不正」を行ってしまうことも見られる。つまり、悪意はない。しかも、未成年者のアルバイトについては、きちんと申請さえしておけば、ほとんどが控除の対象となり、そもそも「収入」に認定されないのである。

また、「不正受給」の総額は図表8〜9の通りで、保護費全体の0・5%にも満たない。件数ベースでは、近年の摘発《てきはつ》体制の強化によって増加しているが、1件当たりの金額は低下傾向にある。少額で、悪質性の少ない「不正受給」の摘発事例が増えている可能性が高い（図表9）。大企業の税金逃れ1件の額の方が、この何倍にもなる。

審査を経て、必要があれば、保護は開始される。その「申請」そのものを拒否するのが「水際作戦」と呼ばれる違法行為だ。次章で詳しく見るように、こうした手法はこれまでも繰り返されてきた。従来から、福祉事務所が、申請者に対してはウソをつくなどして追い返すことは珍しくはなかった。

**図表8　「不正受給」の件数および金額**

| 年度 | 不正受給・件数 | | | 不正受給・金額 | | |
|---|---|---|---|---|---|---|
| | 件数 | 被保護世帯数 | % | 金額 | 生活保護費 | % |
| 1997 | 3,717 | 631,488 | 0.58 | 29億1,874万 | 1兆6,649億 | 0.17 |
| 1998 | 4,063 | 633,060 | 0.64 | 30億0,286万 | 1兆7,302億 | 0.17 |
| 1999 | 4,665 | 704,055 | 0.66 | 33億1,545万 | 1兆8,638億 | 0.17 |
| 2000 | 5,617 | 751,303 | 0.74 | 39億7,296万 | 1兆9,782億 | 0.20 |
| 2001 | 7,063 | 805,169 | 0.87 | 46億7,061万 | 2兆1,093億 | 0.25 |
| 2002 | 8,204 | 870,931 | 0.94 | 53億6,065万 | 2兆2,358億 | 0.23 |
| 2003 | 9,264 | 941,270 | 0.98 | 58億5,392万 | 2兆4,136億 | 0.24 |
| 2004 | 10,911 | 998,887 | 1.09 | 62億0,350万 | 2兆5,378億 | 0.23 |
| 2005 | 12,535 | 1,041,508 | 1.20 | 71億9,278万 | 2兆6,317億 | 0.27 |
| 2006 | 14,669 | 1,075,820 | 1.36 | 89億7,618万 | 2兆6,749億 | 0.33 |
| 2007 | 15,939 | 1,102,945 | 1.44 | 91億8,299万 | 2兆6,427億 | 0.35 |
| 2008 | 18,623 | 1,145,913 | 1.62 | 106億1,798万 | 2兆7,297億 | 0.39 |
| 2009 | 19,726 | 1,274,231 | 1.54 | 102億1,470万 | 3兆520億 | 0.33 |
| 2010 | 25,355 | 1,410,049 | 1.80 | 128億7,426万 | 3兆2,798億 | 0.39 |
| 2011 | 35,568 | 1,498,375 | 2.37 | 173億1,300万 | 3兆6,430億 | 0.48 |

出典：生活保護問題対策全国会議（2011）『生活保護「改革」ここが焦点だ！』あけび書房

**図表9　不正受給件数・1件あたりの金額の推移**

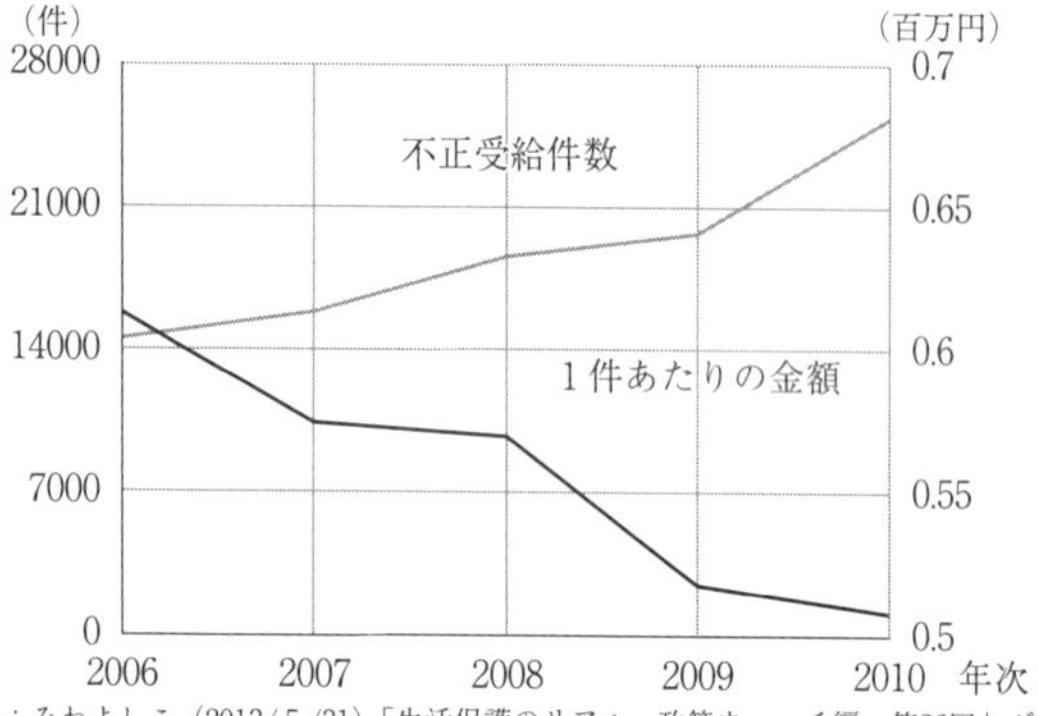


出典：みわよしこ（2013/5/31）「生活保護のリアル　政策ウォッチ編・第26回」ダイヤモンド・オンライン　http://diamond.jp/articles/-/36751

だが、京都府舞鶴《まいづる》市で起こったこの事件では、バッシングの世論を背景とし、これまでには見られないような事態が生じた。上級官庁の指示にさえあからさまに従わないという「暴走」をみせたのである。

## †生活保護とは？

以上から、日本の生活保護制度は、一般にイメージされるよりも相当厳しい制度だということが理解されたと思う。だが、そもそも、生活保護法とは、どのような法律なのだろうか。

他の法律同様、生活保護法もまた第1条に「目的」が記してある。

第1条　この法律は、日本国憲法第25条に規定する理念に基き、国が生活に困窮するすべての国民に対し、その困窮の程度に応じ、必要な保護を行い、その最低限度の生活を保障するとともに、その自立を助長することを目的とする。

ここから読み取れるのは最低限度の生活の保障が国家の「義務」となっていること。この国では、国民が野垂《のた》れ死んだり、貧困ゆえに人間としての尊厳を奪われなくて良いよう、国の義務を生活保護法の中で定めているのだ。

また、第二に、生活保護は貧困者の自立を助長することを目的としている。保護を通じて、病気の人は病気を治し、働くことができる人は仕事を見つけられるように、自立を助長していくのである。

前述の「最低限度の生活」は、地域・年齢・家族構成などを考慮して決まる最低生活費に具体化されている。最低生活費を下回っているかどうか、また、生活の維持に活用できる資産はないかなどを基準に判断し、一定の経済的条件を満たしていれば保護が開始されることになる。

バッシングのなかでしばしば問題視される喫煙、飲酒といった要保護者の生活習慣や経歴は、ここでは関係ない。戦前の「救護法」では怠惰で働かないものや品行の悪いものを救済の対象から除いていたが、1950年に制定された現在の生活保護法では、「無差別平等の原理」が貫かれ、要保護者の「困窮」のみに着目するようになったからだ。

いずれにしても、生活保護法は①住民の生存を保障し、②自立を助長することを目的としている。この二つの目的は、誰から見ても妥当なものだろう。そして、そのために給付されている金額も、保護が開始されるための条件も、厳しすぎることはあっても、「緩《ゆる》すぎる」ということなどはなかった。むしろ、条件が厳しすぎるために、これまでも十分に生存を保障したり、自立を促したりすることができていなかったと言われている。

それにもかかわらず、そうした実情を無視し、「最低限度の生活＝極貧生活」すらも、「ぜいたくだ、許せない」というのが生活保護バッシングの内容なのだ。「牛丼を食べるな」という主張が、その意見を象徴している。

バッシングは、「極貧状態」の要保護者すらも「飢餓状態」へ、つまりは「まったくの自立不能状態」へと追いやるような主張なのである。

## 2 作られた「不正受給」──大阪市天王寺区の事例

生活保護バッシングに影響されているのは、一般市民や、受給者本人だけではない。中立かつ適切に、法律に基づいた制度運用を求められるはずの行政までもが、「煽《あお》り」の中で法律を無視した対応を繰り返しているのだ。

## †生活保護申請まで

「突然、生活保護を打ち切られ、しかも不正受給として30万円の返還を求められている」との相談が京都ＰＯＳＳＥに寄せられたのは、２０１２年11月25日だった。よく話を聞いてみると、同月末で保護が打ち切られることになっており、その後の生活の見通しがまったくたっていないという。そして、その打ち切り自体、自分には心当たりがなく納得できないとのことであった。

Ａさんは40歳代の男性。デザインの専門学校を卒業し、自営でデザイナーの仕事をしていたが、その仕事を辞めて十数年前に大阪にやってきた。大阪に来た当時から天王寺《てんのうじ》区内の友人宅に居候《いそうろう》というかたちで住んでいたという。

Ａさんは大阪に来てから、飲食などのアルバイトの仕事をこなしながら友人宅で生活していた。しかし、２００８年に病気を患っていることがわかり、その治療のために月４回ほど通院することを強いられた（この病気のため、Ａさんは身体障害者認定を受けている）。通院日も担当医の予定によって決まるため、Ａさん自身では事前に予定を把握することが難しく、そのため仕事も急に休まざるを得なくなり、アルバイトを続けるにも支障が出てきた。

さらに、2011年には心臓病も患い、体力的にも仕事をすることが無理になってきた。アルバイトもこの時点ではほとんど入れなくなっており、収入は月4万円まで落ち込んだ。収入が減ったことに加えて、病気治療のために多額の医療費を負担しなくてはならず、生活がかなり苦しくなってきた。同居している友人も生活が不安定で経済的に支援することはできず、Aさんとしてもこれ以上友人に迷惑をかけることを望んではいなかった。

そのような状況下で、Aさんは病院の医療ソーシャルワーカーに相談した。医療ソーシャルワーカーは治療に専念するためにも生活保護を受給することを提案し、Aさんはそのアドバイスに従って、2012年3月、大阪市天王寺区保健福祉センター（福祉事務所）に出向き、生活保護の申請を行った。Aさんには貯金はほとんどなく、当時の所持金は、後に情報開示された行政記録によると約500円であった。

### †「居住実態がない」ことを理由にした突然の保護廃止

Aさんの生活保護申請はとくに問題なく受理された。Aさんが「現時点では友人宅で生活しているが関係が悪化し追い出されそうになっている」と伝えると、「1人世帯として保護を受けるには、一時的な滞在施設に入居して保護決定を待ってもらう必要がある」との説明を、窓口担当の職員から受けた。そのため、Aさんは指示に従って、大阪市内にある一時滞在施設に入居し、決定が下りるまでの2週間そこで生活していた。そして、2週間後、天王寺区が生活保護支給の判断を決定した。

Aさんは、大阪市の居宅生活移行支援事業を使い、アパート入居のために必要な敷金《しききん》・礼金や布団《ふとん》代などが支給され、天王寺区内に1人暮らし用の住居をかまえることができ、3月下旬に入居した。同時に、生活保護を受けるにあたって、役所の指示で稼働能力（働くことができるかどうか）を判断するための検診を受けたところ、医師は就労不能という判断を下した。

その後、Aさんは通院しながら保護を受給していたが、11月19日に天王寺区役所に突然呼び出され、福祉事務所の職員から11月末で保護を打ち切ると口頭で告げられた。その理由は、「保護開始と同時に入居したはずのアパートに居住の実態がないから」というものだった。要するに、「生活保護費で引っ越したはずなのに、本当は引っ越してないじゃないか」ということだ。

また、「居住実態がないのに住宅扶助（家賃）を支給していたから、これは『不正受給』である」ということで、「3月からの家賃分約35万円を返還しろ」とも伝えられた（この時点でAさんはPOSSEの相談窓口に電話をかけてきた）。

## †「居住実態」がなかったことの理由

天王寺区がこのような判断を下したのは、Aさんが居宅生活移行支援事業を利用して自宅アパートをかまえたにもかかわらず、実質的には友人宅で生活しているような状況にあったからである。

確かに、Aさんは保護受給後も友人宅で生活する時間の方が多く、洗濯なども基本的には友人宅で行っていた。しかしそれには当然理由があった。Aさんとしても自宅で生活する方がよいとは認識していたのだが、これまで十数年間友人宅で生活しており、生活用品が基本的にはすべて友人宅に置きっぱなしになっていた。

にもかかわらず、引っ越しのための費用は出されていなかった。

そのため、引き払ったはずの友人宅に、半ば居住するような状態になっていたのである。自身の衣類や日用品がすべて友人宅においてあるままでは、いくら自宅で生活しようと思っても客観的には困難な状況だった。その状況を天王寺区は居住実態不明と判断し、事前に一切の説明も行わずに突如保護廃止を決定した。

さらに、もし仮に引っ越していなかったとしても、Aさんが重病を患って困窮しているという事実に変わりはないし、生活保護を打ち切ることは法律上許されないのである。

Aさんが重病を患っていることを考えれば、これは常軌を逸《いっ》した対応だと言わざるを得ない。事実、彼が私たちを頼ってこなかったら、ただ路上に放り出され、病気のために「不審死」に追い込まれたかもしれないのである。

## †問題だという認識すらない区の担当者

そもそも、生活保護の廃止は人命に関わる処分であるから、当然慎重にならなければいけないし、法律もそのように規定している。打ち切る前には、当人から事情を聴くなどの対応が求められる。当然と言えば、当然の話である。

生活保護法第62条4項には、「保護の実施機関は、前項の規定により保護の変更、停止又は廃止の処分をする場合には、当該被保護者に対して弁明の機会を与えなければならない。この場合においては、あらかじめ、当該処分をしようとする理由、弁明をすべき日時及び場所を通知しなければならない」とある。そのため、福祉事務所は弁明の機会（＝主張を聞く機会）を本人に与えることが法律上義務であり、しかも、それは事前に内容を伝えておかなければいけないことになっている。

さらに、厚生労働省社会・援護局保護課長通知「生活保護行政を適正に運営するための手引について」には、保護の停廃止を行う際には、まずは口頭による指導を行い、次に文書による指示を行い、そして弁明の機会を与えるといった手順を踏む必要があると書かれている（図表10）。

Aさんの場合、これまで口頭による指導も文書による指導もなにもなく、なにも知らずに役所に行くと突然、保護廃止を伝えられたのであるから、役所の処分は法律にも通達にも反している。

Aさんから相談を受けた私たちは、天王寺区保健福祉センターへ足を運んだ。

天王寺区側は課長代理、査察指導員、そして適正化係長の3人が交渉の場にでてきた。天王寺区は「時間がないので30分なら」と交渉に制限を設けてきた。

私たちは単刀直入に、「今回の打ち切りは口頭による指導もなければ文書による指導もないので違法ではないか」と問うた。しかし、天王寺区は「11月19日の訪問の際に、Aさ

図表10　適正な保護の停廃止手順

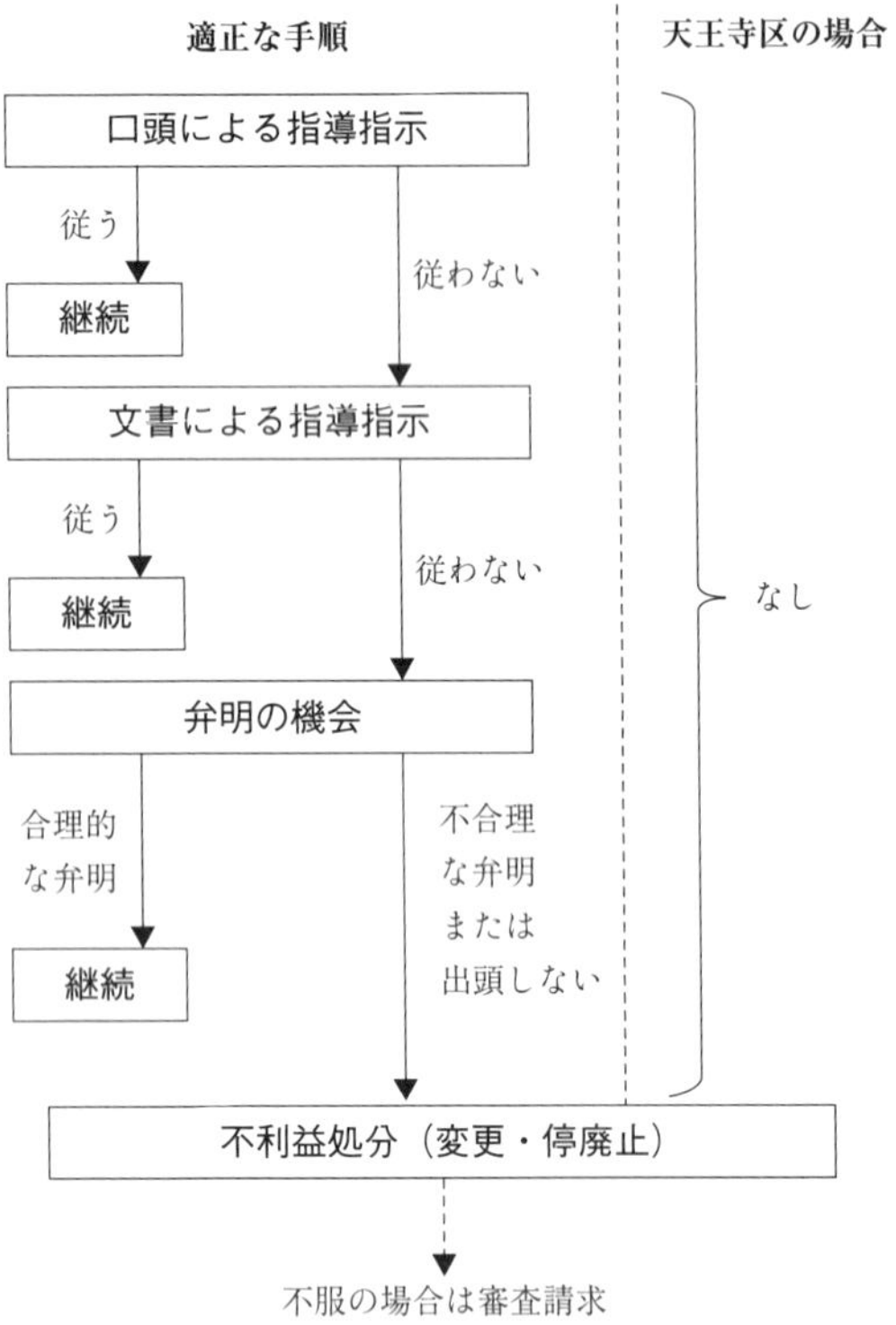


出典：ホームレス総合相談ネットワーク（2012）『路上からできる生活保護申請ガイド』大学図書

んが『自宅に住んでいない』と回答したのであるから、文書による指導・指示は必要なかった」と述べた。

そして、「今回のケースを大阪市の適正化チーム内で報告した結果、この方法が問題だという意見はなかった」と主張した。最終的に、「天王寺区としての判断は決定したので、不服であれば大阪府に対して審査請求を行えばよい」ということを伝えられて交渉は終わった。

## †保護廃止決定が撤回される

天王寺区の態度がこれほどかたくなでは交渉してもらちがあかないので、11月30日、私たちは天王寺区を指導する立場にある大阪市に問い合わせた。しかし、大阪市の担当者も要領を得なかった。

担当者は「居住実態がないのであれば生活保護法第1条の『必要な保護』を行う必要性もなくなったので打ち切りもやむを得ないのではないか」という「持論」を主張した。

だが、生活保護法第1条は生活保護の「目的」を定めていて、「打ち切りの理由」は定めていない。法律についての理解も意味不明であり、話し合いを誠実に行う姿勢を欠いていた。要するに、法律に基づく手続きを行おうとせず、「適当」なことをいってごまかそうとしたのである（つまり、行政の実務を法律に基づかずに行っている）。

そこで、私たちは、今度は厚生労働省の担当者に問い合わせることにした。

厚労省の担当者は、「個別具体的なケースに関しては答えられないが、一般的に打ち切る際には事前に口頭による指導と文書による指導が必要になる」と答えた。また、「移送費（引っ越し費用）が支給されていないのはおかしいのではないか」と疑問を呈したところ、「この件は厚生労働省として指導はできないが大阪市には伝えておく」と回答した。大阪市の主張とは、まったく異なっている。当然ながら、これが本来の「法的な手続き」である。

同日夜、ＰＯＳＳＥにＡさんから連絡があった。その内容は、夕方ごろ天王寺区から電話があり、保護の打ち切りを撤回《てっかい》し、かつ返還を求めていた金額も白紙にすると伝えられた、というものだった。

### †なぜ違法な対応をとったのか

その後、私たちとAさんは説明と謝罪を求めに、再度天王寺区を訪れた。天王寺区側はまず謝罪し、そしてこれまでの経緯を説明した。天王寺区の説明を要約すると次のようになる。

7月26日に家庭訪問した際に、4月に家庭訪問した時と部屋の状況が変化しておらず、荷物も床に置かれていたことを不審に思った。そして、10月に再度訪問した際にも同様の状況であった。

それゆえ、担当ケースワーカーはここでは生活していないのではないかと疑問を抱き、適正化チーム（おそらく不正受給調査専任チームを指している）に相談した。そして、適正化チームが、普段Aさんがどこで生活しているかの「行動確認」（法律や制度上は規定されていない用語）を行うために、11月に役所に来てもらった。面談が終わった後、どこに帰宅するのかと確認したところ、友人宅へ自転車で帰宅することを確認した。

さらに、その後、Aさんの自転車がどこに駐輪してあるのかを1週間以上にわたって調査した。また、自宅で生活しているかを確認するために、メーターをチェックして電気やガス使用量を記録したり、郵便ポストの中身が変化しているのかも確認した。

そして、内部で検討した結果、居住実態がないということで保護を廃止。そして住んでいなかった家の家賃を不正に受給していたということで、保護期間中の家賃の返還を求める決定を下した。

しかし、11月30日、大阪市から保護廃止手続きに誤りがあるので撤回と謝罪を行うべきとの指導を受けたので、保護を再開し、不正受給分も白紙にした。

以上が天王寺区による説明であった。なぜ重病を抱えるAさんの保護廃止の手続きに誰も疑問を抱かなかったのか、なぜすでに住んでいないことがわかっていたのに本人に理由をきかずに調査したのか、これらの問いに対する答えはなかった。

## †ケースワーカーの支援不足から生まれた「不正受給」

今回の件で、天王寺区のとった行為は何重にも問題がある。

後述するように、天王寺区は法律的な手続きに関して誤った取り扱いを繰り返した。しかし、一番重要な点は、担当ケースワーカーが必要な支援を行っていれば、今回のケースは事前に防ぐことが可能であったということである。

Aさんによれば、4月に行われた1回目の家庭訪問の際に、担当のケースワーカーに「生活に必要な自身の荷物はまだ友人宅に置いてあるので、自宅では生活できない。引っ越し費用はでるのか」と尋ねたという。つまり、この時点ですでにケースワーカーはAさんが自宅に住んでおらず友人宅で生活していることを把握したのだ。しかも、引っ越し費用を必要としている事実まで、把握していた。

しかしその際、担当ケースワーカーは質問には答えず、費用を支出しなかった。事実、担当ケースワーカーが生活保護受給者との面談を記録している文書であるケース記録には次のような記述がある（なお、ケース記録における主《しゅ》とは、保護受給者のことを指している）。

---

H24・4・3　転居後の居宅確認のため主宅訪問。（中略）荷物はほとんどなく、布団も使っている形跡が見受けられない。（中略）生活はどうしているのか？　と確認すると、私物は天王寺区内に住んでいる友人宅に預けており、洗濯なども友人宅でさせてもらっているよう。家にいてもすることがないので、今は友人宅に行くことが多いと話す。（中略）CW（ケースワーカーの略：引用者）より、居宅生活をするために今回敷金扶助を行ったので、友人宅へ入り浸《びた》るようなことのないよう指導。

ケース記録とは、担当ケースワーカーが記録するものであり、その内容を受給者が確認することはない。それゆえ、ケース記録に面談の際の会話内容がすべて記録されているわけではない。

しかし、この記録を読むだけでも、少なくとも荷物が友人宅に置いてあり、自宅ではほとんど生活していないことを担当ケースワーカーは認識することができたし、実際にしていたということがわかる。ゆえに、「友人宅へ入り浸るようなことのないよう指導」したのであろう。

その後、ケースワーカーは3カ月に1度のペースで家庭訪問を行う。そして、家庭訪問のたびに、自宅での居住実態について疑問を呈している。

H24・7・26　ほとんど室内の様子変化なし。（中略）あまり生活感を感じない。

---

H24・10・15　（略）主宅生活用品がほとんどなく、生活実態が疑わしい。荷物は居宅生活移行支援事業利用前に居候していた、（地名）の友人宅に置いたままと言うが、布

――団がケースに入ったままで使用された形跡がない。今後、訪問回数を増やし、居住実態の確認に努めたい。

そもそも、今回のケースは当初から引っ越し費用を支給すれば済んだ話である。

このような場合の引っ越し費用の支給は法的にも認められる。生活保護を適正に運用するために厚生労働省の出した通達などをまとめた冊子『生活保護手帳』には、「被保護者が転居する場合（中略）で、真にやむを得ないとき」に移送費（＝引っ越し費用）を支給することが認められており、「この場合、荷造費及び運搬費を要するときは、実施機関が事前に承認した必要最小限度の額を認定して差し支えない」と書かれている。

事実、2013年2月に役所は引っ越し費用を支給することを決定し、Aさんは引っ越しを終えている。他の自治体においても、Aさんと同様の、「居候元→一時施設→新居へ移る」といったケースで、居候元から新居への引っ越し費用が支給されたケースがある。

ケースワーカーを含めた福祉事務所は、当初からAさんの置かれている状況を把握していたにもかかわらず、不必要な調査を延々と繰り返し、挙げ句の果てに突然、違法なかたちで保護を打ち切った。

たんに法律を適切に運用していれば、「不正」も何もなかったのである。

本人が「引っ越し費用の必要」を訴えているのに、それを無視して、引っ越しができない状況のままにする。それを「不正」だといって、重病人を保護から追い出す。

生活保護法第1条を思い出してほしい。

この法律は、日本国憲法第25条に規定する理念に基き、国が生活に困窮するすべての国民に対し、その困窮の程度に応じ、必要な保護を行い、その最低限度の生活を保障するとともに、その自立を助長することを目的とする。

この制度の趣旨は極めて明快だ。貧困者が死なないように措置し、自立を助長すること。その真逆のことを、大阪市は行っていた。特に問題なのは「自立を助長すること」を妨げていたところだろう。いくら素行調査をしても、彼の病状が良くなるわけでも、引っ越しができるようになるわけでもない。法律の目的からいえば、まったくあべこべのことをしていたわけである。

## †適正化担当の関わり

しかも、天王寺区は適切なケースワークを怠っているばかりか、その代わりに、保護受給者をあたかも潜在的な犯罪者であるかのように取り締まる手法を採った。

情報開示したAさんのケース記録には、その模様が生々しく記載されている。その一部を引用する。

H24・10・31　現住居に住んでいない可能性が強いため、大阪ガス宛ガスの使用量等調査する。

H24・11・6　同意書を書き直すため来所。記入後主がどこへ帰るのか行動確認を行う。区役所玄関前に駐輪していた自転車に乗り（地名）マンション（友人宅）へ戻るのを確認。

H24・11・7　AM8：43（友人宅）マンション下で主の自転車確認。

H24・11・12　AM8：34（友人宅）マンション下で主の自転車確認。AM10：00主宅マンションに○○（適正化）・○○CW2名で調査、電気メーター5037・5〜6微《かす》かにメーターは回っている。1階集合ポストには11月7日（水）に一括発送した医療通知が入ったままである。AM10：11帰庁途中に（友人宅）マンション下で主の自転車確認。

これらの「調査」行為がどのように正当化されるのかを、12月3日に天王寺区に問うたが、明確な回答はなかった。大阪市が出している文書にも、「法では収入・資産しか調査対象とならないため、それ以外の調査は本人の協力（同意）を求めるしかない」（第4回生活保護適正化連絡会議の会議資料「区における不正受給調査専任チームの活動の検証」）と書かれているため、明らかに収入・資産以外の調査を行っている上記の行動は、常識的にも法の趣旨からしても逸脱している。本来、ポストの中を勝手に覗き見るなどという行為は、令状がなければ、警察でも行うことができない。

つまるところ、法律に根拠がないのに、私たちの税金で、無駄に、尾行などの「調査活動」が行われていたのだ。

この調査を行っていた不正受給調査専任チームとは、いわゆる生活保護Gメンであり、福祉事務所職員・警察OB・ケースワーカーOBの3人が1チームで受給者の調査を行っている。2012年から大阪市下の全区に配置されている。福祉の専門家ではない彼らが受給者を調査することで、今回のような「不正受給」が作り上げられたとも言える。

## 3　申請拒否――京都府舞鶴市の事例

生活保護バッシングの中で、もう一つ新しい出来事があった。

詳しくは次章で述べるが、生活保護制度は、通常の行政サービスと同じで、申請は自由。審査を経て、必要があれば、実施される。

ところが、私たちが2012年に受けた相談は、この法律で認められる「申請」そのものを拒否するという対応だった。

2012年6月11日、京都府舞鶴市に住むシングルマザーの女性、Bさん(30代)からPOSSEに生活相談の電話がかかってきた。所持金がもう600円しかなく、生活保護を申請しようと市の窓口に行ったのだが申請書がもらえない、という相談だった。

翌日、京都POSSEのメンバーが舞鶴に向かい、Bさんの申請に同行した。しかし、舞鶴市はBさんがいくら「申請がしたい」と言っても申請書を渡してくれず、「帰ってください」「業務の邪魔になる」と言い放ち、結局業務終了時刻まで対応しなかった。

担当者は窓口からいなくなり、いくら申請しようとしても、そもそもどの職員も対応しない。これでは申請しようがない。

仕方なく、私たちは申請書を窓口において帰ろうとした。そして、窓口に書類を置いたことを証拠として写真に記録する。これだけで、申請は当然、法的に完了し、あとは「審査」の手続きに入るはずだった。

申請しても、生活保護は必要としない場合には、受給できない。保護をする/しないの決定は行政が下す。もし不要であれば、審査ではじかれるだけだろう。

しかし、舞鶴市の職員は、私たちが申請書を窓口において帰ろうとすると、「忘れ物ですよ！」と突き返そうとしたのである。

ここまでくると、「行政サービス」として、完全に常軌を逸している。住民票の転入手続きに置き換えて考えてみてほしい。「あなたの転入は処理しない」といって、行政職員が窓口で対応せず、話しかけても無視する。そのあげく、転入届を「忘れ物」として処理するようなものだ。職権濫用《らんよう》もはなはだしいだろう。

## †所持金600円

Bさんは、小学生以下の3人の子どもを持つシングルマザーだ。2011年6月に離婚し、元夫からは約100万円の借金を負わされていて、元夫自身も負債を抱えているため養育費は得られていない。

離婚後、Bさんは舞鶴市の実家の近くに家を借り、ホテル清掃のパートで働いていた。しかし、12年2月に子どもたちが連続してインフルエンザにかかり、看病のためにその仕事も辞めざるを得なくなってしまった。そのうえ、Bさん本人も病気があり、6月の中頃にも数日入院していた。

現在の収入は、児童手当（子ども手当）、就学援助、児童扶養手当のみ。児童手当は毎年6月・10月・2月に児童（3歳以上小学校修了前）1人につき毎月1万円がまとめて支給される制度である。就学援助は学用品費、給食費、修学旅行費などが必要な時に支給される。児童扶養手当は、Bさんの場合、月約5万円が8月・12月・4月にそれぞれまとめて支給される。つまり、次に収入が得られるのは8月の児童扶養手当となる。

Bさんの実家は舞鶴市にあり、現在Bさんのお母さんと妹さんが暮らしているが、狭すぎてBさんと子ども3人が住むことはできなかったという。またお母さんはパートで月数万円の収入しかなく、妹さんは年末に結婚して実家を離れる予定であり、扶養する余裕はまったくないとのこと。

なんとか夕食だけはお母さんに差し入れてもらって子どもたちに食べさせている、という状況。朝はご飯だけは炊《た》いてふりかけなどで食べているが、子どもたちが給食を食べてくる昼食は、Bさんは食べていない。

POSSEに相談が来た6月11日の時点で、Bさんの所持金は600円。また、家賃や電気・水道・ガス、携帯電話料金を1カ月分滞納していて、いつ止められるかわからない、という状況だった。

## †最初の申請拒否

6月のはじめ、Bさんは生活保護の申請をするために舞鶴市役所（東本庁）に行った。お金がなく、収入を得る方法もないなか、ギリギリまで悩んだ末の決断だった。しかし、東本庁では「あなたの住所は西支所の管轄《かんかつ》だからそっちへ行ってくれ」と言われ、社会福祉協議会の貸付制度があるということを紹介されただけだった。Bさんは次の日、社会福祉協議会に行って2万円を借りた。

社会福祉協議会から借りた2万円も底をつき、Bさんはもう一度生活保護の申請をする決心をした。6月11日、Bさんは西支所に行き、相談室で状況を話して「申請書がほしい」と申し出たが、「母や妹に頼れ」「借金があるなら受けられない」「若いんだから働け」などと様々な理由をつけられ、「とにかく申請書は渡せない」と断られたという。

なかでも、とりわけ重要なのは、「生活保護バッシングの中で市民の声があるから遠慮してくれ」と役所の担当者が発言したということだ。

世間の「雰囲気」で、行政の法的手続きが変更になるというのは、危険極まりない事態である。

彼女は結局生活保護の申請ができないまま家に帰らざるを得なかったが、Bさんはどうしても納得できず、ネットで調べて厚生労働省に電話をかけ、こうした舞鶴市の対応は問題ではないのかと問うた。

厚労省も市に申請書を渡す義務があることを認め、Bさんに「もう一度はっきり申請がしたいと言ってみてください」と助言した。

そこで、Bさんは西支所に電話をかけ、もう一度「申請したい」と伝えたが、西支所の職員に「(申請書を)渡す渡さんはこっちが決めること」「これ以上しつこくしたら業務妨害だ」と言われ電話を切られてしまったという。どうしていいかわからなくなり、Bさんは私たちに相談の電話を寄せたのである。

## †舞鶴市の対応

翌6月12日、京都POSSEから3人のスタッフがBさんの家を訪ね、生活保護申請の支援を行った。まず、舞鶴市がどういう対応をしているのかを確かめるため、午前中はB

さん1人で申請してみてもらい、それをICレコーダーで録音した。

すると、西支所の担当者C氏は、「不正受給になれば詐欺《さぎ》というかたちで捕まる」「（妊娠している子の父親である）男性の方がいることをお伺いした以上は、同じ世帯というかたちで見ざるを得ない」「やみくもに出してこられても、却下というかたちしか出ません」などという話をし、Bさんが「申請書はもらえないということですね」と聞くと「はい、はいはい」と言うだけで、三たび、Bさんは申請書をもらうことができなかった。

実際に、Bさんは元夫とは別の男性との子を妊娠していたが、6月末に中絶。この男性とは同居したこともなく、男性はBさんが妊娠していたことも知らない。当然、男性は妊娠していた子を認知していないので、法的な親子関係・扶養関係は何ら生じていない。この男性の扶養がなければ「不正になる」というのは、完全に無理がある。

同日午後、今度はBさんの申請に京都POSSEスタッフ3人が同行した。しかし、やはり申請書をもらうことができず、職員に理由を聞いても「もう午前中に話した」としか答えない。押し問答をしているうちに、担当者C氏が出てきて、POSSEスタッフが市との申請交渉の場に同席することは認めない、Bさん1人との相談、あるいはPOSSE

スタッフ3人だけとなら話すという提案をした。

支援者であるPOSSEが本人のいないところで申請を受け付けてもらえるはずもなく、またBさん1人が連れて行かれて「相談」をしても申請させてもらえないことは午前中の様子からみて明らか。

そのため、私たちがその提案を断り、そのうえで「申請がしたい」と言うと、「じゃあもういいです」「こっちは誘ったのに」とさえぎるようにまくしたてられ、C氏はカウンターの奥のデスクに戻って行ってしまった。


このやりとりで気分が悪くなってしまったBさんが外の空気を吸いに出ると、その隙《すき》にC氏はデスクからも姿を消した。

フロアにはC氏と同じ保健福祉係の職員も何名かいたが、「担当じゃないのでわからない」「(C氏を)呼びに行っている」と言うばかりでとりつくしまもない。1時間近く待ってもC氏が姿を現さないため、私たちが自前で用意した申請書を提出しようとしても、職員は「わからない」「受け取る担当ではないので」などとしか答えない。

私たちは、こうしたやりとりの間に厚生労働省や京都府の担当者に電話をかけ、当然

「申請をさせないという対応は違法である」との回答を得た。また、京都府の担当者から舞鶴市役所へ指導してもらったが、結局現場での対応は変わらなかった。舞鶴市役所本庁は、府からの指導を受けたにもかかわらず西支所を指導しなかったのだろう。

申請書を受け取ってもらうため、私たちが閉館時間を過ぎても職員と押し問答していると、C氏が戻ってきて「もう時間です。業務は終わりました」「もう帰ってください！」と強い口調で怒鳴《どな》りだした。しまいにはC氏の「みんな業務の邪魔になるよな！」という声に呼応して、数名の職員が立ち上がって「はい、そうです」「帰ってください」と口々に言いだす、という異様な状況。

Bさんは申請書をカウンターに置き、「申請します」とはっきり伝え、私たちはその場を後にした。私たちが帰る後ろから、「それは受け取れませんよ。持って帰ってくださいよ！」「Bさん！　Bさん！　忘れ物ですよ！」と申請書を突き返そうとする職員の声が何度も聞こえてきた。

## †その後の舞鶴市の対応

その後、6月15日に舞鶴市のケースワーカー5人がBさん宅を訪れ、「忘れ物」としていた申請書は6月12日付で受理したことを報告してきた。申請に行った日から3日後のことで、それまでは何の音沙汰もなかった。

しかし、同時に、「書類に不備があるため手続きが進められない」として、「世帯構成などについては、お聞きしていた内容と異なっておりますので、正確にご記入ください。このことは、生計、扶養義務者などについても関連いたしますので、相談の際ご異議なく、赤ちゃん（胎児）のお父さんの氏名・住所・収入などを申告していただくことになっておりましたので、赤ちゃん（胎児）のお父さんとお話ししていただき、ご連絡・ご来所のうえ、説明してください。同一世帯と認定する場合は、お2人と子どもさん達での生活保護申請が可能であることは、ご案内しているとおりです」という通知をBさんに渡した。

Bさんから連絡を受けて、私たちは京都府に電話をし、ふたたび京都府から舞鶴市に対して指導をしてもらった。舞鶴市は、府の指導に対して、「もし同居しているなら書いてくださいと言っただけだ。自分が思うように書いてもらってかまわない」という返答をしたそうだ。

明らかに事実と異なる説明を舞鶴市は京都府にしている。違法な行為をしているという「自覚」があるのだろう。

ＰＯＳＳＥでは、食料支援を行っているセカンドハーベストやふうどばんく東北という団体に連絡し、Ｂさんにそれぞれ段ボールひと箱ほどの食料を送ってもらった。行政の違法対応のために、民間の困窮支援団体を頼らざるを得なかったのだ。

また、ガス・水道・電気・携帯電話料金は1カ月分を実家にたてかえてもらい、なんとか止められることは避けられた。審査を待っているあいだ、ギリギリまで切りつめた生活が続き、Ｂさん自身も体調を崩しがちになっていた。

## †法律を無視する窓口対応

この事件の問題を整理していこう。

まず第一に、申請書を渡さないという行為は違法である。生活保護法7条には、保護は「申請に基いて開始するものとする」とある。これは、保護の利用「申請」があれば、「申請」は必ず受け付けられなければならず、不受理は許されないことを意味する。

たとえ生活保護を受けられない理由がある場合でも、「申請」自体は受け付けたうえで審査し、その結果申請を却下することになる。また、この「申請」は、書面で行う必要はなく、申請の意思さえ明確にされていれば口頭でもよいとされている（大阪申請権訴訟・大阪高裁2001年10月19日判決）。

つまり、Bさんは「申請がしたい」といった時点で、申請書をもらい手続きを開始することができるはずなのだ。

申請したいと伝えているにもかかわらず、申請のための書類を渡さない行為は、個人の申請権を侵害する違法行為。こちらで作って提出した申請書を「忘れ物」として受け取ろうとしない行為も、申請権の侵害に当たる。

また第二に、今回のように要保護者が急迫した状況にあるときは、すみやかに、職権を持って保護を開始しなければならない（生活保護法25条）。

Bさんのケースでは、舞鶴市は急遽保護開始をするべきだった。まして、所持金が600円しかなく、子ども3人を育てているシングルマザーの生活保護の利用申請を拒否して追い返すという行為は、行政による殺人行為といっても過言ではない。

第三に、6月15日に渡された文書は、世帯構成に男性を含めることをすでにBさんが承認したかのように述べ、「男性を世帯に含めなければ生活保護の申請ができない」としている。これには法的根拠がない。

## 図表11　民法上の扶養義務

**誰が**

**夫婦間・直系血族・兄弟姉妹**
右図ABC間、BとE、BとD、EとF
扶養義務を負う

**それ以外の三親等間の親族**　右図BとF、BとG
家庭裁判所が認めた場合だけ扶養義務を負う（認められるには「特別の事情」がなければならない）

家族関係図で見ると…

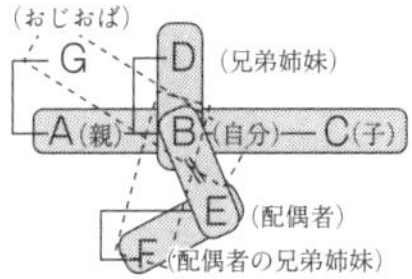


**どの程度**

**夫婦間・未成熟の子に対する親（生活保持義務）**
⇨最低限度の生活様式を維持した上で、余力があれば自身と同程度の生活を保持させる義務

**成人した子と親間・兄弟姉妹間（生活扶助義務）**
⇨その者と同居者が社会的地位にふさわしい生活を成り立たせた上で、なお余裕があれば援助する義務

出典：生活保護問題対策全国会議（2012/6/5）「扶養義務と生活保護制度の関係の正しい理解と冷静な議論のために〔概略版〕」
http://seikatuhogotaisaku.blog.fc2.com/blog-category-13.html

先にも述べたように、Bさんと妊娠している子の父親である男性とのあいだにはすでに何の関係もない。生活保護は、世帯を単位として生活の保障をする制度だ（生活保護法10条）。ここでいう世帯とは、「同一の住居に居住し生計を一にしている者」という意味だが、Bさんは男性と同居したこともなく、生計が同じであったこともない。

また、Bさんと男性との間に扶養義務も生じていない。

扶養義務には、「絶対的扶養義務者」と「相対的扶養義務者」の二つがある。絶対的扶養義務者とは、民法上、当然に扶養義務があるとされる場合のことで、具体的には夫婦、直系血族（親、子、祖父母、孫）、兄弟姉妹のことを指す。相対的扶養義務者とは、家庭裁判所の審判によって扶養義務が創設されうる場合のことで、具体的には3親等以内の親族がこれに当たる（図表11）。

ちなみに、絶対的扶養義務者であっても扶養能力がなければ扶養義務は負わない。扶養義務者は自己の生活水準を下げてでも、相手に同じ生活水準を保障しなければならないというのは誤りなのだ。そして、Bさんと男性のあいだに婚姻という法的関係はなく、扶養義務関係もない。

## †舞鶴市の記者会見

京都POSSEは、6月19日に、記者会見で今回の問題を発表した。10名以上の記者に集まってもらい、テレビカメラも数社来た。記者会見では、この相談の経緯について説明し、質問を受け、12日のやりとりの録音も提供した。

一方舞鶴市側も、この生活保護の問題について記者会見を行っている。全容はわからないが、報道を見る限り、舞鶴市は反省も謝罪もしていない。それどころか、事実すらねじまげて「対応は適切だった」と主張している。

舞鶴市福祉援護課の名内哲治課長は、生活保護の申請書を交付しなかったとの指摘について、「受給に向けた相談を進めていた段階だった。本人から申請書の交付は求められていないと認識していた。対応は適切だったと考えている」「帰り際に自作の申請書を出したのを見て、初めて申請の意思を知った」（6月19日／NHK）と話している。

さらに、舞鶴市は「申請理由が堕《だ》胎《たい》費用のためと聞いたから時間がかかった、と話した」（6月20日／MBS）という報道もあった。堕胎費用の話など一度もしていない。法制度を無視した対応を取るばかりでなく、「事実」に対して公然とそうした嘘をつく。


世論を背景に、行政が独自の行動をとりはじめた。彼らは法律とは違う、「自分たちの論理」でサービスを行うかどうかを判断し、違法行為が問題にされると、事実を隠して嘘をつく。行政が法律に基づかないということの意味は、窓口の担当者に「気に入られれば」生保を受給できるが、「気に入られなければ」貧困者は、たとえ貧困であっても、保護を受けられないということだ。バッシングの世論を背景とし、行政担当者が増長・暴走しているのである。

行政サービスが「法律通りに運用されない」ことの恐ろしさは、どれだけ強調しても強調しきれるものではない。

## †舞鶴市による肝炎患者に対する申請拒否

私たちが行った記者会見が報道された結果、舞鶴市のさらなる「暴走」の実態が見えてきた。

2012年6月27日、舞鶴市に住む肝炎《かんえん》患者に対して、Bさんと同様の申請拒否を行われていたとして、「舞鶴ウイルス性肝炎を考える会」と「京都肝硬変《かんこうへん》友の会」が告発したのである。

その内容によると、申請拒否されたのは舞鶴市に住む50代の男性、Dさん。Dさんは、食道静脈瘤《じょうみゃくりゅう》の入院治療のため、2011年6月にそれまで働いていた物販会社を退職した。その際、生活保護の申請をしたのだが、市職員に社会福祉協議会の生活福祉資金という融資を受けるよう勧められ、9万円を借りて医療費を支払った。その後も体調が悪く、激しい仕事もできないため、生活保護が受けられることになったのだが、3～4カ月後に失業給付が始まると、また打ち切られてしまった。

90日間の失業給付がなくなり、このままでは治療が続けられないため、Dさんは4月に2回、5月にも2〜3回、生活保護の申請に行ったという。しかし、何度行っても舞鶴市職員は「働け、短時間でも働け。その姿勢を見せたら、残りは見てやる」などと繰り返し、申請書類を渡してもらえなかった。そのため、Dさんは5月31日に予約していた治療を治療費が払えないためにキャンセルし、医療を利用できない状態が続いた。

この問題が発覚したのは、Dさんが生活に困り転居したため、「舞鶴ウイルス性肝炎を考える会」の会報がDさんに届かず、会長のもとに送り返されたからだった。心配した同会が調査をしたところDさんの窮状がわかり、2012年6月21日にDさんといっしょに申請に行ったところ、すんなりと申請書類を渡され、申請を受け付けてもらえたということだ。

## †止まらない行政の「暴走」

2012年6月29日、京都POSSEに、舞鶴市に住む80代の父親と50代・40代の息子2人の3人家族から相談が来た。「2011年12月まで生活保護を受けていたが打ち切られてしまった」「父親と弟は病気や障害を持っていて働けず、50代の兄が日雇いの仕事などをしていたが、今は仕事もなく食料も底をつきそうだ」という相談だった。

この世帯は4月ごろから何度も申請に行っていたが申請書をもらうことができず、6月29日にも申請を拒否されてPOSSEに電話をかけたのだ。舞鶴市のこの対応は、私たちが記者発表を行って是正を求めた後のことだ。7月2日に京都POSSEスタッフが舞鶴市に向かい、あらためて1人で申請に行ってもらったところ、この世帯の申請を受け付けてもらうことができた。

水面下で被害者が増え続けている恐れがある。舞鶴市では、病気や無収入の人々が行政官によって不法に打ち捨てられている。しかし、彼らは「孤独死」として処理されていく。

そしておそらく、こうした「暴走」は舞鶴市や天王寺区だけで起きているわけではないだろう。被害者は、あなたの隣人かもしれないのである。

# 第2章 命を奪う生活保護行政

前章でみたように、生活保護行政はバッシングの中で「暴走」し、法律の目的を果たしていない。だが、すでに述べたように、生活保護制度からの逸脱は、今に始まったことではない。

実は、生活保護行政は、バッシング以前から違法行為を繰り返してきた。もちろん、すべてのケースワーカーが違法行為に手を染めているわけではない。なかには、長年福祉事務所で働き、熱心にソーシャルワークに取り組む職員もいる。だが、違法行為の結果、貧困であるにもかかわらず、多くの人が生活保護を受けることができず、結果として「餓死」に追いやられてきたことも一方で事実である。

飽食の現代日本で「餓死」というのは、あまりにも凄惨《せいさん》である。最近では、このニュアンスを和らげるために、あえて「孤独死」と表現する報道も多い。だが、私から見ると、本来、これは「貧困死」と呼ぶのがふさわしい。行政の不正行為によって人間の命が奪われる。それは、決して「個人的なライフスタイル」としての「孤独」や「孤立」ではないからだ。

繰り返しになるが、生活保護法の目的は、①住民の生存を保障し、②自立を助長することにある。本章では、この前者の側面＝「生存の保障」が、行政が法の趣旨を逸脱することで、実現を阻まれている実態を見ていく。すなわち、違法行政が引き起こす「貧困死」の実例である。

## 1　暴走する水際作戦

第1章で示したように、窓口で違法に「追い返す」行為は、生活保護における違法行政の典型である。これは、従来から「水際作戦」と呼ばれてきた。水際作戦においては、「就労しろ」とか、「扶養してもらえるはずだ」という言葉で、申請の拒否が行われる。

生活困窮者支援に取り組むNPO法人自立生活支援サポートセンター・もやいの稲葉剛《いなばつよし》代表理事によれば、水際作戦の主要な手法には、①住まいのない人に対する「住まい／住民票がないので受けられません」、②稼働能力層に対して「あなたは働けるから受けられません」「ハローワークに行ってください」、そして③「家族に養ってもらいなさい」の三つがあるという。

だが、第1章でも指摘したように、本来、行政は生活保護の申請がなされたら、資産収

**図表12 「水際作戦」が引き起こした死亡事件**

| | | |
|---|---|---|
| 2005年1月 | 北九州市 | 水際作戦により67歳男性が餓死 |
| 2006年2月 | 京都市 | 水際作戦にあった54歳男性が86歳の認知症の母を受諾殺人 |
| 2006年5月 | 北九州市 | 水際作戦にあった56歳男性が餓死 |
| 2006年7月 | 秋田市 | 生活保護申請を却下された37歳男性が市役所敷地内で自殺 |
| 2007年6月 | 北九州市 | 生活保護の再申請を拒否された61歳男性が自殺 |
| 2007年7月 | 北九州市 | 52歳男性が生活保護の辞退を強要された後に餓死 |
| 2007年11月 | 浜松市 | 70歳のホームレス女性が市役所敷地内で放置され病死 |
| 2009年6月 | 北九州市 | 生活保護の相談に訪れた39歳男性が孤立死 |
| 2010年8月 | さいたま市 | 生活保護申請を却下された76歳男性が電気・ガス無しの生活を約10年続け熱中症で死亡 |
| 2012年1月 | 札幌市 | 42歳女性が病死後、40歳の妹が凍死。福祉事務所で3度相談するも申請に至らず |

＊稲葉剛（2012）「生活保護バッシングは何を見失っているか」『世界』833をもとに作成

入状況を調査し、最低生活費以下の収入であれば、保護を決定しなければならない。逆にいえば、調査して、実際に保護の必要性がないと判断されれば保護は受けられないことは、すでに見たとおりだ。

水際作戦とは、この「申請」さえも拒否してしまうことを指す。そうすると、審査の必要もない。つまり、貧困かどうか調査をする必要すらも、行政は免《まぬが》れるというわけだ。こうすれば、「貧困を放置した」ということには、「形式的」には問題にならない。

図表12が、水際作戦の結果生じた、餓死などの死亡事件の一覧である。わかっているだけで、明確な餓死者は毎年50人

前後もいる。定義にもよるが、毎年1000人以上に上がるとの見方もある。ただ、そのうちの何人が行政による「水際作戦」の犠牲なのかは、把握が困難。死んでしまった人の実態は、結局闇の中なのだ。図表12は、そのごく一部だということになる。

## 2 餓死と孤立死——北九州市・埼玉県・札幌市の事例

では、なぜこれほどまで「水際作戦」が多発するのか。

図表12で何度も登場するのが北九州市。2005〜07年にかけて3年連続で餓死事件が発生している。この自治体は、生活保護費の削減を進めることで、「生活保護行政の優等生」と言われ、「モデル自治体」とも呼ばれた。厚生労働省が進めてきた「適正化」政策の中で、生活保護費の削減が強く迫られ、それにもっとも順応したのが北九州市だったのである。

本来、「適正化」とは、生活保護が必要のない人にまでむやみに支給されている状態（濫給《らんきゅう》）と、本来支給されるべき人に支給されていない状態（漏給《ろうきゅう》）をなくすことを意味するが、日本の生活保護行政はもっぱら前者に関心を置き続けている。結果として、漏給を排除するどころか、「漏給を促進」するような状況となっているため、生活保護を利用する資格のある人のうち現に利用している人の割合（捕捉率）は20％足らずでしかなく、漏給が保護世帯の4倍に及ぶと指摘されている（第1章の図表3を参照）。

圧倒的多数の漏給が存在するにもかかわらず、保護受給者が相対的に増えるたびに引き締め、生活保護費の節減をはかるということが過去に3度にわたって行われてきた。こうした「適正化」政策は、実際に実務を執り行う自治体の福祉事務所レベルでは、先に見たような「水際作戦」として現れるしかない。つまり、厚労省の政策指針に忠実に従った北九州市では、水際作戦や受給者に対する保護「辞退」の強要が常態化することとなったのだ。「ヤミの北九州方式」とも呼ばれる強引な生活保護受給抑制策は、その必然的な結果として、貧困者の命の保全すら怠《おこた》り、死に追いやったのである。

### †北九州市門司区餓死事件

2006年初夏には、Eさんが市営住宅団地の一室でミイラ化した状態で発見された、いわゆる門司《もじ》餓死事件が引き起こされている。

Ｅさんが福祉事務所と接点を持った最初の契機は、市民からの通報だった。滞納家賃の回収のため自宅を訪問した市住宅供給公社の職員が衰弱したＥさんを発見し、門司福祉事務所に緊急通告を行ったのだ。

通告を受けて、ケースワーカーと保健師が自宅を訪問したとき、Ｅさんは壁を伝ってしか歩けない状態だった。その場に同行した保健師も「栄養状態が悪いため病院で診察を受けた方がいい」と助言している。室内には食料がほとんどなく、近所の公園で汲《く》んできた水のペットボトルが10本近く置かれていた。この時点ですでに、電気・ガス・水道のすべてのライフラインは停止されていたのである。

Ｅさんは妻と離婚して以降、市営住宅で暮らしながら、タクシー運転手などで生計を立てていた。もともと右ひざに小児マヒを抱え、障害者手帳も取得していたが、体調を崩したことから２００５年頃に失業、無収入となっていた。

このとき、Ｅさんの生活は次男の援助によって辛うじて支えられていたが、次男自身、コンビニでのアルバイトで母と自分の生活を賄うぎりぎりの暮らしだった。

翌日、次男を伴ってＥさんは福祉事務所を訪れた。ケースワーカーの訪問時に、彼はすでに申請意思を示していたことがケース記録からも読み取れる。だが、面接の担当者は

「親族でよく話し合いなさい」と、次男の扶養をさらに強化するよう指示したのみで、申請書さえ渡さず、この日の面接は終了した。

ライフラインも止められた状態の障害者に対し、アルバイト暮らしの子どもから援助を受けろ、というのはあまりにも無理がある。

生活保護の申請を拒否する一方で、行政はEさんに担当の保健師をつけた。そして、週1回程度の頻度で家庭訪問が続けられた。しかし、保健師は生活資材の提供などができるわけではなく、「様子を見る」こと以上には手が出せない。Eさんに必要であるはずの食費や医療費といったニーズは生活保護でしか満たせない。お金がないため食べ物も買えず、病院にも行けず、ライフラインは停止したままのEさんに対して、「健康指導」など不可能である。本来、保護課が責任を持って対応すべきケースが保健師に先送りされ、責任逃れのための、「生存の確認」だけが行われた。

それにしても、ライフラインが止められていては、生活は「極限状態」である。保護が必要であることは、明白であろう。本来、「保護が必要かどうかわからなかった」という話にはなりようがないはずだ。

2回目の面接記録には、「体はやせて目はくぼんでいる。次男から支えられている状態であった」とEさんの健康状態の記載が残っている。面接を担当した職員は、Eさんの危険な状態を認識していたのだ。しかし、「次男がだめなら長男に援助してもらったらどうか」とまたしても2人を帰す。生活保護の申請に至らなかったため、またしてもこのケースは保護課の所管とならず、保健師の所属する生活支援課は、同福祉事務所の保健福祉課（障害者福祉行政担当）にケース移管を行ったが、その後保健福祉課の訪問は一度も行われることがなかった。

そして半年後、ミイラ化したEさんの遺体が発見される。

### †北九州市小倉北区自殺事件

Eさんの事件の翌年、2007年6月10日、Fさん（61歳、男性）が自室のアパートで首を吊《つ》って自殺しているのが発見された。

1990年頃、企業家だったFさんは、バブル経済がはじけてから、家族や財産を失い、知人宅を転々とする生活に追いやられた。それから2005年頃まで、失意による飲酒のためか、アルコール依存症で精神病院への長期入院と退院を繰り返すようになる。入院中は生活保護を受給していたが、退院すると同時に廃止された。

2006年3月、慢性肝硬変に肺炎を併発して入院。小倉《こくら》北福祉事務所で生活保護受給開始となる。その後、退院するが、同時にケースワーカーによる厳しい就労指導が始まる。Fさんは周囲に「小倉北福祉事務所ではいつも仕事が見つかっていないことを厳しく指導された」「家庭訪問に来た時、机を拳《こぶし》で叩きながら『働かん者は死んだらいいんだ』と怒鳴《どな》られたこともあった」と漏らしていた。

そして、日雇い（日当6000円程度）の仕事が決まったとして、生活保護が廃止されている。そうして働くものの、すぐに体調を崩し入院。入院により生活保護の受給が再開されるが、ふたたび日雇いの仕事に就いたことを理由に保護を廃止されている。その後、心筋梗塞《しんきんこうそく》で倒れるが「お金がない」との理由から、診療を拒否。以後、体調不良のため働くことが困難になっていった。

6月5日、生活困窮のため生活保護の申請に訪れたFさんと福祉事務所のやりとりは次のとおりだ。

――「生活が困窮しているので生活保護を申請したい。まだ、少しお金はあるが、病院代もかかるし不安だ。仕事を探して仕事が決まっても、給料が出るまで1カ月かかる。その期間が不安だ。今、申請書を書くので、大変な時は受理してほしい。一応預かってほしい」

「申請書を預かることはできない。申請書を受け取った日が申請日になる。申請書を出してもいいが、この状態では却下になるので、仕事を探す努力をして2週間後に来てほしい。仕事が決まったら、前借りする方法もある」

「仕事してすぐに（会社から）前借りなどできない。申請させないということは私に死ねということか」

こうしたやりとりの後、生活保護を申請できなかったFさんは、数日後、ベランダで首を吊って自殺した。

## †「子どもを施設に預けて働け」（北九州市小倉北区）

前夫からのＤＶ（家庭内暴力）を受けながら子どもを育てていたＧさん（40歳）は、1997年夏、次男の出産のため仕事ができなくなり生活困窮に陥った。そこで、小倉北福祉事務所に生活保護の申請に行った。

しかし、ケースワーカーは「前の旦那から養育費をもらったら」と、申請書を渡さなかった。前夫はGさんに恒常的にDVを行っていた。性的なDVも加わり、毎年のように妊娠と出産が続いた。

1998年に再度、小倉北福祉事務所で生活保護を申請するが、「子どもを施設に預けて働きなさい」との対応により申請はできなかった。さらに翌年も申請に行くが、「子どもを全員施設に預ければ働けるだろう」と対応は変わらなかった。続く2000年にも窓口を訪れるが、「何で子どもをたくさん作るんだ」「あんたが好きで子どもを産んでるんだから親戚を頼りなさい」と告げられる。Gさんの両親はすでに他界しており、頼れる親戚もいなかった。

2003年には家賃滞納のため市営住宅を追い出された。再度福祉事務所を訪れるが、以前と対応は変わらなかった。その後、5人の子どもたちは児童擁護施設に預けられることになった。Gさんはその後、子どもたちを施設に預けながら働いていたが、子どもたちのために生活を共にすることを決意し、八幡《やはた》東区で新たな生活を始めた。しかし、新たに双子が生まれ、Gさん1人のパート収入だけで生活を成り立たせることは困難を極めた。

そして2004年11月に八幡東福祉事務所を訪れたが、そこでも「子どもを預けて働けばいいんだ」「前夫から養育費をもらえばいい」と、小倉北福祉事務所と同じ対応を受け、申請することができなかった。

その後、支援団体が同行したことで、ようやく保護の申請をすることができた。

ところが12月末、保護の開始が決まったとの連絡を受け八幡東福祉事務所を訪れると、「辞退届を書かないと保護費は満額出さない」「書かなくても来月で保護は切れる」と辞退届の提出を強要された。

追いつめられたGさんは、ケースワーカーによって示された「手本」の通り、辞退届を書くことになった。2005年2月、Gさんは辞退届の撤回を求めるが、「あんた辞退届出してがんばると言ったでしょ」と相手にされず、生活保護は打ち切られた。

このケースの場合には、最終的には、市議会議員が申請に同行したことで、何とか生活保護を受給することができた。しかし、「辞退届」を強要されたまま放置されていれば、子ども共々、命の危険にさらされていたことは、いうまでもない。

### †埼玉県三郷市の事件

「水際作戦」による、別の自治体の被害事例も見ていこう。2004年、当時夫46歳、妻

45歳の夫婦の事例である。

埼玉県三郷《みさと》市に住む夫婦と子ども2人の世帯で、2004年12月に中心的な稼ぎ手である夫が白血病で倒れて入院し、会社も解雇された。夫の介護のため妻は毎日病院に通っていたが、不安定な状態の中で精神を病んでしまう。この家族の生活は、派遣労働者である長男の収入に依存することになったが、月の収入はわずか10万円程度であった。長男の収入だけでは生活を維持することができず、2005年1月には家賃と入院費を支払うことができない状態まで困窮していった。

この頃から妻が三郷市福祉事務所を十数回訪れて生活困窮を訴えたが、その度に窓口では「働きなさい」「自分でどうにかしなさい」「親族に助けてもらいなさい」などの対応を受け、生活保護の申請をすることができなかった。この間の生活は非常に苦しく、電気・ガスのライフラインは何度も止められた。水道を止められたこともあった。次女は給食費や集金が支払えないことに羞恥《しゅうち》を覚え、登校拒否となった。一時は一家心中する直前にまで追いつめられていたという。

2006年8月、弁護士の支援を受け、ようやく生活保護の受給が開始された。しかし三郷市は住宅扶助を支給せず、市外への転居を強要するようになる。そして、「転居後は保護を受けないように」と念押しまでして、夫が退院した9月11日、保護を打ち切った。保護を要する状態は変わっていないため、本来であれば三郷市福祉事務所は転出先の自治体にケースを引き継ぐべきであったが、しなかった。

こうした対応を受け、妻は「生活保護の仕事をしている役所の方々が、この裁判を通して、苦しんでいる人たちに救いの手をさしのべる優しさを取り戻して欲しい。これからは、私たちと同じような辛い目にあわせないで欲しい」との思いから訴訟を起こした。

2013年2月、さいたま地方裁判所は、三郷市が生活保護利用を妨げる行為を行った事実を認定し、原告の訴えを全面的に認める判決を出している。

この事件でも、ライフラインが止められるという「極限状態」が放置されている。「保護が必要な状態」が明白でありながら、意図的に保護を受けさせないように、行政が行動したのである。

## †3度にわたる水際作戦――札幌市白石区姉妹孤立死事件

札幌市白石《しろいし》区の事件でも、やはり、「水際作戦」によって犠牲者が発生している。この事件については発覚後、丹念に調査がなされた。少し、詳しく見ていこう。

２０１２年１月、札幌市白石区の４階建てアパートの３階で、40代の姉妹の遺体が発見された。ガス、電気は料金滞納のため止められており、暖房器具が使えない状態であった。札幌市では、１月には最低気温がマイナス10度を下回る日があるなど寒さが続く。発見当時、姉・Ｈさんは室内にもかかわらず、何枚も厚着した上からジャンパーを着ていたという。所持金は４万３０００円で、冷蔵庫に食べ物はなかった。脳内血腫《けっしゅ》により姉が先に病死し、介護者を亡くした知的障害者の妹・Ｉさんは飢えと寒さのなか死亡したとみられる。

両親はすでに他界し、２人には頼れる人もいなかった。知的障害のある妹を支えての生活に限界を感じたＨさんは、白石区保護課に３回にわたって相談に訪れていたのだ。それにもかかわらず彼女は生活保護の申請には至っていない。

## †産業の衰退と地域の疲弊が、40年後の孤立死を生んだ

冬の札幌で、誰にも看取られずに亡くなった２人。

彼女たちはどのような人生を歩み、孤立死に至ったのだろうか。

姉妹は幼少期を、北海道中空知《なかそらち》地方に位置する赤平《あかびら》市で過ごす。炭鉱夫であった父は、隣市歌志内《うたしない》の炭鉱にバスで20～30分かけて通っていた。歌志内は空知炭鉱の中心地で、炭

鉱の最盛期には5万人の人口を誇ったが、炭鉱閉山により現在は4500人にまで減っている。炭鉱労働は過酷で、酒はつきものである。父親は身体を酷使した結果、肝臓がんを患い、まだ中学生だった姉妹を残して亡くなった。

その後、長く病気を抱えていた母親も、父の後を追うように逝《い》ってしまい、両親をともに亡くした姉妹は近隣の滝川《たきかわ》市市営住宅に住む伯父伯母のもとに身を寄せることとなる。滝川市は石炭産業で栄えた中空知地域の中心都市だが、ここもまた相次ぐ炭鉱閉山の影響で、市内人口は1985年をピークに減少傾向が続いている。

とりわけ中心市街地の衰退は著しい。1980年代以降、工場が郊外に移転したうえ、駅周辺の大型百貨店の撤退が重なり、空洞化も進んでいる。Hさんが高校卒業後就職したのは、中堅企業のCDショップだった。しかし、この店舗も滝川市中心街に位置するデパートに入っており、閉店してしまう。その後同市内の衣料品店に職を得るが、またしても閉店により失職する。

Iさんもまた、働いていた札幌の洋装店が閉店したため、滝川に帰ってきていた。その後、Hさんはコンビニなどでアルバイトをしながら何とか生活を支えていたが、滝川では安定した仕事に就けないと考えて、札幌に出ることを決意。札幌市に居を移した彼女は、ブランド衣料品店の販売員とホテルの皿洗いを掛け持って働いていた。

地域経済の衰退という趨勢《すうせい》の中で、必死に仕事を探し、懸命に生活してきた姿がうかがえる来歴である。

だが、こうした「努力」で成り立っていた「ふつうの生活」が、誰にでも起こり得る、ささいなトラブルで限界を迎える。

２００５年ごろ、滝川市の障害者施設でクリーニング業に従事していた妹が体調を崩し、看病のため、札幌と滝川を行き来するようになった。退院後、病身の妹を１人にしてはおけないと、Ｈさんは２人での生活を始めるが、おそらくは妹の看病の負担から、仕事が思うようにできず、生活は行きづまっていった。

Ｈさんがこまめにつけていた家計簿を見ると、それまで17万～20万円程度で推移していた月の収入がＩさんの病気が発症してから激減し、おおよそ13万～15万円の間を行ったり来たりしていたことがわかる。

### †３度にわたる水際作戦の末の死

Ｈさんが最初に福祉事務所に足を運んだのは２０１０年６月だった。面接を担当した相談員の記録からは、体調不良によってそれまで勤めていたアパレル店を辞め、次に採用された会社でも、4日で解雇と仕事がなかなか決まらず、雇用保険と妹の障害年金（2カ月で約13万3000円）で何とか生活していた様子がわかる。

相談担当者は（不思議なことに）聞き取っていなかったが、このときすでに家賃や光熱費の滞納が累積し、家計は火の車であった。面談は、生活保護制度について説明したうえ、「高額家賃について教示」し、「保護の要件である、懸命なる求職活動を伝え」て終了となっている。

この高額家賃とは、生活保護を受給した時に家賃分として支給される保護費（住宅扶助）の上限を、現在住んでいるアパートの家賃が超えていることを指しているが、この姉妹の場合、超過額は約3000円である。この場合も、いくらでも受給する方法はあったはずだが、そうした説明はしていない。

また、「保護の要件である、懸命なる就職活動」とは、法律に基づくものではない。文言通りに受け取ると、「仕事を探していない人に生活保護を支給することはできない」ということなのだろうが、そのような要件は法律に定められていないのだ。

2度目の相談は2011年4月。最初の相談からの10カ月の間に、Hさんはどうにか生活を維持しようと、失業者向けの給付金付き職業訓練に通い、生命保険を解約し、生活費を捻出している。福祉事務所の記録に残る相談内容は、職業訓練給付の支給が先方の手違いで遅れ、それまでの約1週間生活できるだけの手持ち金も食料もないという急迫したものだった。彼女の必死の訴えに対して、福祉事務所は非常用パン7日×1食×2人＝14缶を支給し、さらに「当該食料は災害専用のものであるため、恒常的な支給はできない」と念を押したうえで帰している。

2011年6月末日は最後の相談となった。相談の内容は、次のようなものだった。

生活保護の相談に来所。

主、求職活動しているが決まらず、手持ち金も少なくなり、生活していけないと相談に来たものである。

主はハローワークの教育訓練給付を受け、給付金と妹の障害年金で生活。職業訓練も終了、4月下旬から○○○で仕事が決まるも、知的障害のある妹が体調を崩し、仕事に行けない状態になり、研修期間で辞めた。研修期間のため給与はなし。その後も清掃のアルバイトをするも続かず、1週間ほどで辞めてしまったとのこと。現在、求職活動をしているが、決まらないとのこと。

妹は知的障害があり、障害年金（約13万2000円／2月）。

主・妹、国保未加入。以前は社会保険の任意継続に加入していたが、保険料を払えず喪失した。主の生命保険に加入していたが、保険料払えず解約したとのこと。活用可能な資産はなしとの申立。負債は家賃・公共料金の滞納分。

6／15　受給の妹の障害年金は家賃・公共料金の支払いで消費済みとのこと。扶養義務者はなし。両親は他界。

主に対し、能力・資産の活用など、生活保護制度全般について説明。高額家賃について教示。保護の要件である、懸命なる求職活動を伝えた。主、手持金も少なく、次回は関係書類を持って相談したいとのことで本日の申請意思は示さず退室となった。


---

記録からも福祉事務所が姉妹の生活の困窮を把握していたことは明白である。

この翌月からはいよいよガスが止まった。長くアパレル店で接客に従事し、そうした職業上の必要もあって身なりには人一倍気を使っていた姉のクローゼットには、死後ほとんど洋服が残っていなかった。爪《つめ》に火を灯《とも》すような生活のなかで、少しでも家計の足しにしようと、洋服を売っていたのだろうか。

### †死んでからの申請受け付け

2人の存命中には、決して保護の申請を許さなかった白石区だったが、事件が明らかになったのち、姉妹の葬儀をめぐって珍妙なやりとりがあった。

報道で2人の死を知った従妹は、2人の葬儀を誰が取り仕切り、どのように段取りを進めるべきか、とりわけ費用をどのように捻出すべきか心配し、役所に問い合わせた。電話口で検討しますと告げられた翌日、あらためて連絡があり「方法がありますので、福祉課に来てください」と言われ、何もわからないままとにかく赴《おもむ》くと、「生活保護の申請をすれば何とかする」というのである。用意してあった何枚かの書類に住所と名前を書き、印鑑を押す。手続きはすぐに終わり翌日には2名分の葬祭費用が生活保護費として支給され、その場で葬儀屋に渡された。

問題の広がりを恐れて、「火消し」を図ったものと思われる。死んでしまってから保護費が支給されても、何の意味もない。「懸命な求職活動」とか、「住居が高額だ」などといっている間に、できることはいくらでもあったはずだ。

そもそも、「懸命な求職活動」とはどのような状態を指すのか。「懸命ではない」と行政官に判断されれば、餓死するまで保護を受給できないとすると、行政官が主観的に「お前はよくやった」と判断するまで、命の保障を受けられないということになる。そうした主観的な要素を排除することが、行政手続きの基本である。最低生活費以下であれば、保護が開始される。これによって生活が改善し、自立が促されるのである。

この点でも、この事件の不合理さは際立っている。姉が、努力の末に再就職を決めたにもかかわらず、介護のために失職していることを思いだしてほしい。妹の介護費用が払われていれば、姉は定職について、自立していくことができただろう。違法な生活保護行政は、結果的に自立を阻み、命までをも奪ったのである。

## †保護「開始後」の餓死事件――北九州市小倉北区

前述の小倉北自殺事件の1カ月後には、小倉北区福祉事務所で生活保護を受給していた小倉北区明和《めいわ》町在住のJさん（52歳）が、2007年4月に辞退届を提出したとして生活保護が廃止され、その3カ月後の7月10日に遺体で発見されるという餓死事件が起きた。

この事件は窓口の「水際作戦」ではない。受給後にケースワーカーによるパワーハラスメントによって、結果として生活保護から違法に追い立てられ、餓死に至っている。実は、「水際作戦」を「運よく」乗り越えることができたとしても、今度は、受給者を何とか追い出そうという違法行政が待っているのである。

Jさんは主にタクシー運転手として生計を立てていた。しかし、アルコール性肝障害と糖尿病、高血圧を患っていたために、仕事も休みがちになり、2006年10月頃に退職に追い込まれる。退職後は通院することもできず、電気・ガス・水道などのライフラインも止まり、生活困窮に陥った。こうした状態から、Jさんは2006年12月6日、生活保護を申請した（ライフラインは、生活保護利用後も止まったままだった）。

しかし、生活保護を利用できたことによる安堵《あんど》もつかの間、すぐに厳しい就労指導が開始される。2007年1月17日付けのケース記録には、「新規開始時に、主に対し検診命令をかけており検診結果が全て確認することができた（原文ママ）。検診結果では、主は軽作業可であるため、軽度の仕事の就労開始に向け下記のとおり処遇方針の変更を行うこととしたい」「通院治療しながら軽作業の就労開始に向けた就労指導を行う」と記載されている。

これを受け、Jさんは1月18日に福祉事務所に呼び出された。そこで、生活保護を受け始めてまだ1カ月で、通院中であるにもかかわらず、求職活動をすることがケースワーカーによって義務付けられることとなった。

## どのような「就労指導」が行われたのか

2月26日のケース記録には、ケースワーカーがJさんの主治医から聞き取ったとされるJさんの病状に関する記載がある。

それによると「調査日／平成19年2月23日」「主治医はJさんは普通に働けると診断した」としている。この「病状調査」によって、福祉事務所の就労指導は厳しさを増していく。しかし、後日の報道によれば、Jさんの主治医が、事件発覚後、「普通の仕事ができるという文書は書いていない」と抗議したという。つまり、ケースワーカーが「病状調査」を改竄《かいざん》した疑いがあるのだ。

2月23日のケース記録には、ケースワーカーがJさんに行った指導の内容が記述されている。

「主に対し病状調査した結果、普通就労が可能と判断されたため、より一層求職活動に励むように指導した。また、今までの求職活動の状況を確認したところ、2月に2度ほどハローワークに行っていたが、面接に入っていない状況であったため、面接にまで行くように強く指導した」。そして、今後「熱心な求職活動」をしなければ「保護の停廃止もありえる」ことをちらつかせ、脅しのような就労指導を行っていたのである。

Jさんの2月の日記からは、「人間てなかなか死ねないものだ」「自分でわが命を絶つとは思わなかったです。52歳2カ月で」と、自殺念慮を抱くまで追いつめられている様子が伺える。

その後も厳しい就労指導が続けられ、4月2日には次のような記録が残されている。

「主は病状調査の結果普通就労可の判断がなされているため求職活動を行い、早期自立を指導していたが、今回も早期就職に向け就労指導を行ったところ、主は『自立して頑張ってみます』とのことで平成19年4月10日付けの辞退書の提出があった」

この辞退届は不本意に書かされたものである可能性が高い。北九州市では、「辞退届」の強要が保護廃止の手段として「日常化」していたからだ。こうしてJさんの生活保護は打ち切られることになった。

### †「オニギリ食いたい」と日記に残して

Jさんは生活保護を「辞退」してから餓死に至るまでの経過を日記に残していた。

**4月5日**　体がきつい、苦しい、だるい。どうにかして。

**日時不明（4月5日から5月25日の間）**　せっかく頑張ろうと思っていた矢先切りやがった。生活困窮者は、はよ死ねってことか。

**5月25日**　小倉北のエセ福祉の職員ども、これで満足か。貴様たちは人を信じる事をしっているのか。3月、家で聞いた言葉、忘れんど。市民のために仕事せんか。法律はかざりか。書かされ、印まで押させ、自立指どうしたんか。

**同日午前2時**　腹減った。オニギリ腹一杯食いたい。体重も68キロから54キロまで減った。全部自分の責任です。

**5月26日午前3時**　人間食ってなくてももう10日生きてます。米食いたい。オニギリ食いたい。

**6月5日午前3時**　ハラ減った。オニギリ食いたーい。25日米食ってない。

日記はここで終わっている。日記には生活保護を打ち切られた後の極限状態に置かれた

Ｊさんの心境と福祉事務所に対する怒りが生々しく語られている。

ライフラインも止められたまま、健康も回復せず就労先も決まっていない状態で自立できるはずもなく、およそ１カ月後、Ｊさんは餓死状態で発見された。

## †「孤独死」した39歳の男性

２００９年4月13日、北九州市門司区のある借家で、39歳の男性、Ｋさんが「孤独死」しているのが発見された。警察による遺体解剖の結果、死因は餓死だと見られている。

Ｋさんは20歳で専門学校を卒業し、金融関係の会社に正社員として就職した。しかし、過酷な業務が原因で体調を崩し、その会社を辞めた。

その後、Ｋさんは飲食業を中心としたアルバイトで生計を立てるようになった。浮き沈みの激しい飲食業界でアルバイト先は安定せず、いくつかの職場を転々としながら、非正規労働者として不安定な生活を余儀なくされていった。収入も安定せず、Ｋさんは生活費のために、少なくとも五つ以上の消費者金融から１５０万円以上の借金をしていたと見られている。そして、リーマンショックのあおりを受け、２００８年末、Ｋさんは失業した。

失業してから約１カ月後の２００９年1月8日、Ｋさんは福祉事務所を訪れていた。相談記録によると、窓口では次のようなやりとりがあったとされている。

「職探しはしているのですか」
「ハローワークとか、新聞広告で探しています」
「どんな仕事を探しているのですか」
「主に飲食関係で探しています」
「どんな条件で探していますか」
「正社員の仕事です」

このようなやりとりの後、ケースワーカーはKさんに対してつぎのように伝えている。
「飲食関係の正社員に限定して求職されているとのことですが、パート・アルバイトを問わず求職してみてはどうでしょうか。39歳、健康体であれば、何か仕事はあるはず」

そして、ケースワーカーが「生活保護を申請しますか」と確認すると、Kさんは「幅広く仕事を探してみます」と答え、生活保護は申請せずに帰ったという。この後、ふたたびKさんが生活保護の窓口を訪ねることはなかった。

そして、その3カ月後、変わり果てた姿で布団に横たわるKさんの遺体が発見される。その近くには、「たすけて」と記された1通のメモが置かれていた。

相談記録によればケースワーカーの「生活保護を申請しますか」という問いかけにKさんが「幅広く仕事を探してみます」と答えたことになっている。相談記録しか残されていないため、今となっては実際にどのようなやりとりが窓口で行われていたのかはわからない。しかし、これまでの事例からもわかるように、「39歳、健康体であれば、何か仕事があるはず」という理由によって、水際作戦が行われた可能性があることは否定できない。

## 3　捻じ曲げられた「最後のセーフティネット」

生活保護はしばしば「最後のセーフティネット」と称される。これは比喩でもなんでもなく、社会保障制度の設計上、ほんとうに生活保護制度の下には何もないことを意味している。しかし、数々の餓死・孤立死の事例を見る限り、生活保護はその本来の趣旨通り国民の生存を守ってはいない。

そしてその大きな要因は「適正化」政策にある。財政削減の要請が、命を守るはずの福祉制度の性質を捻《ね》じ曲げ、むしろ水際作戦というかたちで命を奪うものに変質させてしまっている。ここでは、予算を削減することが優先され、命が後回しになるという本末転倒が起こっている。

一方で、生活保護の窓口を訪れることなく「孤独死」するケースもみられる。しかし、そうした行政に頼ろうともしない「孤独死」の事件もまた、日本の生活保護行政の姿勢の帰結である。

2012年2月に埼玉県さいたま市で60代の夫婦と30代の息子の遺体が発見された事件について、新聞報道は「あめ玉数個、1円玉数枚、冷蔵庫は空」と生前の生活困窮を伝えている。亡くなった60代女性は、近隣の住民に窮状を訴えていたが、地域の民政委員や福祉事務所への相談はなかったという。困窮にあえぎながらも地域福祉の窓口へと赴かなかった理由には、多重債務を抱えていたことがあるだろう。親子3人は、過去の債権者からの取り立てをおそれて住民票を移すことなく、隠れるようにして生活していたという。

### †“行政につながれなかったこと”が問題なのか？

新聞などの報道からは「相談に来てくれれば……」と悔やむ周囲の人々の姿が窺《うかが》える。

遺体が見つかった部屋に住んでいた60代の夫婦と30代息子の3人は、住民登録がなく、高齢者のみの世帯でもなかったため見回り対象とされていなかった。アパートのある地区を担当する民生委員の女性は「市からもらったリストには入っていなかったので、家に行ったことがない。何も分からず驚いている」と悔やむ。

（「さいたま餓死？　悔やむ民生委員『リスト登録あれば』」毎日新聞、2月22日）

だが、あえて疑問を呈したい。窮状を訴え出なかった当事者、そこに問題の本質があるのだろうか？

この事件はアパートの管理会社社員が遺体を発見したことから発覚したが、その3カ月以上前、２０１１年12月には料金滞納のため電気とガスが止まっている。市によれば、さいたま市や民政委員に、こうした料金未納などの異変を知らせる通報はなかったという。

図表13　支援団体が受け付けた生活保護相談件数の年次推移

| | 2009年度 | 2010年度 | 2011年度 | 2012年度 |
|---|---|---|---|---|
| 首都圏生活保護支援法律家ネットワーク | 1111 | 1859 | 1972 | 2521 |
| 全大阪生活と健康を守る会連合会 | 1163 | 2012 | 2378 | 2200 |
| NPO法人自立生活サポートセンター・もやい | 940 | 870 | 820 | 990 |

＊首都圏生活保護支援法律家ネットワークの相談件数は、2009年度は配点件数、2010年度以降は送受信件数

だが、普通に考えて、電気や水道が止まれば、人間は生きていくことができない。ライフラインが止められながら、行政が安否の確認をせず、地域住民が餓死するということはこれまでも、何度も繰り返されてきた。常識的に考えて、電気や水道が止められた時点で尋常ではない生活に陥っていることは明らかだろう。高齢者の住宅でライフラインが止められているのに、何の通報制度も整っていない方が「異常」である。

厚労省も、当然のことながら、2000年4月以降6回にわたって、電気ガス事業者などとの連携強化による困窮者の把握を求める通知を発してきた。

実は、さいたま市も、電気ガス事業者との連携強化を試みていた。2010年8月に、電気を止めていた70代男性が熱中症で死亡していたことを受け、同年9月に東京電力、東京ガスと未納世帯の情報についての話し合いを持ったのだ。しかし、同市福祉総務課によると、「滞納者が必ずしも生活困窮者ではな

い」などの理由で、滞納している住民から電力会社などの事業者に相談や依頼があった場合のみ、事業者が市などに連絡することになっているという。

当事者自身が相談窓口にたどり着けないからこそ、ライフライン事業者による通報が必要であるはずが、住民自身からの相談を待つというのでは、論理が支離滅裂である。なるべく「見て見ぬふり」をしようという姿勢が、そこには垣間見える。そして、さいたま市は2度目の孤立死事件を迎えることとなったのである。

行政が、積極的に貧困者を救済しようとせず、「極力保護を避ける」姿勢にあることは、ここまでの事例を見ればよくわかるだろう。たとえ死に至っていないまでも、多くの問題が保護の現場で起きている（図表13）。多くの自治体で見られるこうした姿勢こそが、第1章で見たような、海外と比べて際立って低い捕捉率の原因となっているのである。

だが、違法行政の現場は「水際作戦」と、その帰結としての「捕捉率」の低さで終わりではない。本章でも一例を挙げた「保護開始後のパワーハラスメント」が横行しているのである。

第3章では、保護開始後に焦点を当てて、「違法行政の現場」を見ていくことにしよう。

# 第3章 保護開始後の違法行政のパターン

## 1 人生のすべてが掌握される

第2章では、社会保障費削減圧力の中で、生存の最後のセーフティネットとしての生活保護制度が捻じ曲げられる様を見た。しかし、制度本来の趣旨からの逸脱は、いわゆる「水際作戦」にとどまらない。

生活保護の実態をよく知らない方の中には、水際作戦を突破さえすれば、受給者への「監視」が緩《ゆる》み、そのため不正／不適正受給が横行するのだと誤解されている方もいるだろう。だが実際には、保護の受給が開始されれば、それだけで生活が安定するというほど単純なものではない。むしろ、保護を受給し始めてから、被保護者は様々な受難にさらされることになる。ここで、一つの事例を紹介したい。

### Lさん（50代、女性）

長年、宝飾品の販売員を続けてきたLさんは、20年以上の職務経験に自分なりの誇りを持っている。だが、百貨店での展示販売会ごとに仕事を請け負う不安定な働き方に加え、折からの不況で高級商品の販売は不振が続き、数年前からは月の収入が0になることも珍しくなかった。それでも、寝たきりの母を在宅で介護していたことから、兄から生活費の援助を受け、何とか生活できていた。

そんなLさんの生活を一変させたのは、母の容体の悪化と介護施設への入所だった。多額の入所費用を負担する兄から、これ以上の金銭的援助はできないと告げられた彼女は、やむを得ず生活保護の申請を決意する。資産と呼びうるものをほとんど持たなかった彼女の申請手続きはスムーズに進んだが、その際、どうしても腑《ふ》に落ちない、不愉快な出来事があった。面接相談員は、銀行口座の確認をするためと通帳の提出を求めたが、残高を確認するにとどまらず、全ページをコピーしたうえ、入出金の記録を1項目ずつ確認することにこだわった。「この○月○日の10万円はなんですか？」「当時付き合っていた男性に貸していたお金が返ってきたんです」。

Lさんの事例は、保護受給者が置かれている状況を象徴している。生活保護は国民の生存を最後のラインで保障する制度である。国民を「死なせない」責任が国家にはある。だが、「どのように生かすか」は行政裁量となってしまっている。

生活保護で生存を保障される代わりに、被保護者は（少なくとも今のところ）行政による人生の全面的掌握を要求されている。

### †生活保護の実施過程

ここで、この後の話に関連する範囲で、簡単に生活保護の説明をしておこう（図表14）。生活保護の受給に際して受給者が辿る段階は、大まかにわけて三つに区分できる。まず「申請」と「保護の開始」があり、最後に「保護の終了」がある。その間が「受給中」となる。第2章で見た「水際作戦」は、この「保護の開始」に関わる違法行政だったわけだ。そして、本章の対象は「受給中」と「保護の終了」の違法行為となる。

生活保護制度は申請主義を採っているため、生活保護を利用する場合にはその地域を所管する福祉事務所（市町村役場の中に入っていることも多い）を訪ね、「保護の開始」の申請を行う。申請は誰でも行うことができるが、その後、申請者が生活保護が必要な状況なのか調査が行われる。

申請時にチェックされるのは、収入が生活保護基準（最低生活費）を下回っているかど

図表14　保護の過程

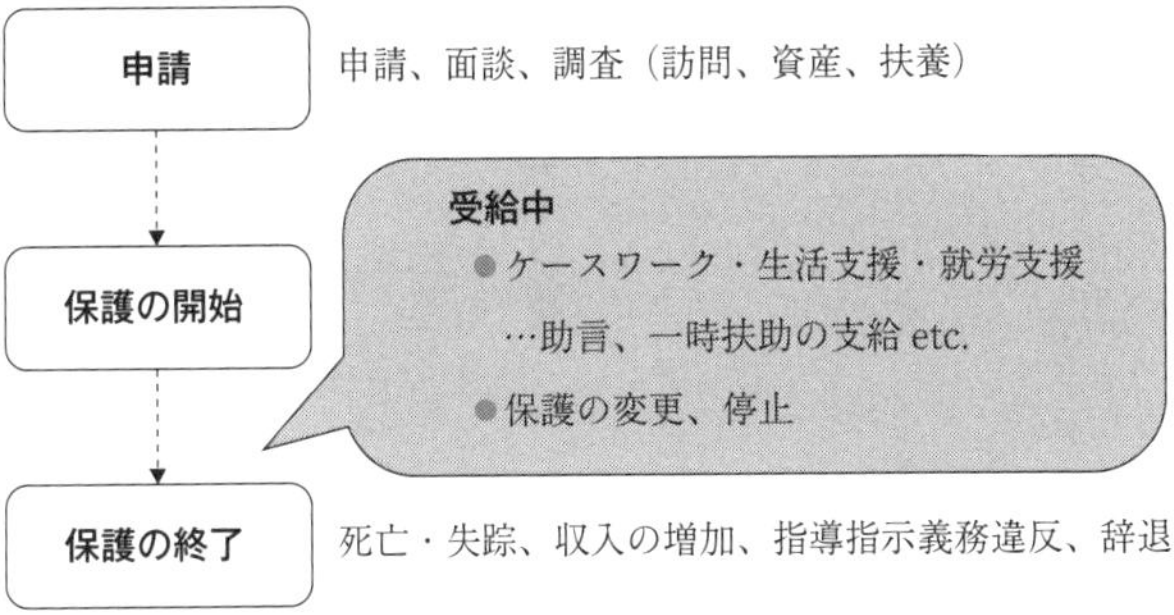


うか、生活の維持に活用できる貯金や不動産などの資産がないか、家族や親戚から援助を受けられないか、また、年金など他の制度を活用できないかなどである。総じて生活保護を利用する前に他の手段で生計を維持できないかということが調査され、生活保護以外に頼る術がないことが保護の条件となっている。生活保護が最後のセーフティネットと通称されるゆえんである。

調査を経て保護の決定がなされるが、決定までの期間は通常14日以内、調査に時間がかかるなど特別な事情がある場合には30日以内と定められている。一方で、「保護の終了」は、①被保護者が死亡・失踪したとき、②収入が保護基準を上回り、保護が必要でなくなったとき、③被保護者が福祉事務所の指導指示に従わなかったことに対する不利益処分としてなされるとき、④被保護者が保護を自ら辞退したとき、の四つのパターンに限られる。

③は少しわかりづらいかもしれないが、もう少し後であらためて説明しよう。
さて、いま説明した「保護の開始」と「終了」の間、つまり保護を受給している期間には、多くの場合、受給者は保護金品の受給だけでなく自立に向けた指導を受けることとなる。これは、生活保護法第1条に、制度の目的として最低生活の保障とともに明記された「自立の助長」に基づいている。「自立の助長」に向けた指導には、検診命令や就労指導が含まれ、その実務を担うのはケースワーカーと通称される行政職員である。

## †ケースワーカーの役割

ケースワーカーは地区ごとに数十世帯の被保護世帯を受け持ち、受給者の生活を支援するが、彼らの担う職務は多岐にわたる。

まず事務的な手続きがあるが、病院の受診に関わる手続きを例に挙げて説明しよう。生活保護受給者はそれまで加入していた健康保険の適用から外れ、診療に要した実費が生活保護から支出されることになる。このように生活保護受給者は制度上特殊な扱いを受けるため、受診時に医療券を発券するという手続きが発生するが、この手続きは福祉事務所で処理される。ふつう、その窓口となるのはケースワーカーとなるので、病気を患い、病院にかかることになれば、受給者はケースワーカーにその手続きを依頼することになる。

病院の新規受診もそのひとつだが、当然、社会生活を送っていれば、生活に変化が生じることは多々ある。一般世帯であれば、そうした生活の変化には貯金などで対応することになるが、生活保護受給世帯は、保護開始時点で貯金がほぼゼロである（無貯金世帯だから保護受給が開始されている）。貯蓄がない以上、毎月支給される保護費だけでは生活の変化に対応できなくなることがあるだろう。自宅の窓や水道が壊れて修理が必要になった、引っ越すことになり家財道具をそろえる必要が出た、といったことが代表的な例だ。こうした臨時的な支出には、生活保護の一時扶助制度が対応している。

逆に、アルバイトを始め、わずかでも月々の収入が手に入ることになったときなどには、生活保護費が減額され、収入が保護基準と同程度であれば、保護の支給が一時的に停止される。収入が安定し、生活保護が必要なくなれば、保護の打ち切りがなされる。このように、月々の支出や収入にあわせた保護の変更、停廃止に関わる決定にも、ケースワーカーは大きな権限を持っている。

ケースワーカーが保護の変更や停廃止の権限を持つのは、彼らが被保護世帯の生活状況を誰よりも詳細に把握しているからだ。保護の決定や実施のために、福祉事務所（ケースワーカー）は被保護者に対して資産などの立ち入り調査、官公署や銀行、雇主《やといぬし》への調査も行うことができる。調査を通じて、被保護世帯の収入や健康状態、生活状況を包括的に把握することも彼らの業務の一部なのだ。

## †ケースワーカーと被保護者の権力の絶対的非対称性

徐々に生活保護制度とケースワーカーの性質が見えてきたのではないだろうか。

ケースワーカーは、受給者の生活を全面的に支援する役割を担っている。だが、それは、裏を返せば、受給者の生活に全面的に介入できることを指している。生活保護受給中には病院にかかるにも担当のケースワーカーの手を借りなければならず、しかも彼らが資産や収入の調査を通じて、受給者のプライバシーを侵害することも法的に認められている。

さらに重要なのは、保護の打ち切りに関わる権限をケースワーカーが持っているということだ。保護の終了には、被保護者が福祉事務所の指導指示に従わなかったことに対する不利益処分として打ち切られるパターンがあると説明した（パターン③）。ケースワーカーは生活の維持・向上や保護の目的を達成するために、被保護者に対して病気の療養、就職活動、収入や世帯の変更に関する報告などについて指導指示を行うことができる。そして被保護者がこれに従わなかった場合には、口頭・文書による指導と弁明の機会の付与を経て、保護の変更や停廃止をすることができることになっている。

もちろん、指導指示の内容は生活保護制度の趣旨に沿ったものでなければならず、手続き上の規定もある。しかし、全生活資源を生活保護に頼っている受給者にとって、ケースワーカーが指導指示に従わなかったことを理由とする保護打ち切りの権限を持っているという事実がどういった意味を持つかは想像に難くない。

生活保護を受給していないうちは、困窮者は市民として生活保護を申請する権利を持っている。すなわち、ここで彼／彼女は権利要求の主体である。しかし、ひとたび生活保護を受給し始めると、管理と監視の対象となる。被保護者は市民として扱う必要のない、いわば「二級市民」として扱われる。それが具体的に表れているのは、ケースワーカーが握る、被保護者の①プライバシーを侵害する権限、そして事実上、指示に従わなかったことをもって②制裁としての保護を打ち切ることのできる権限である。

この二つの権限を握っている以上、被保護者とケースワーカーの力関係は絶対的に非対称的なものとならざるを得ない。この構造が、ケースワーカーによる生活保護制度の趣旨から逸脱した違法行為の温床《おんしょう》となってしまっているのである。

## †保護開始後の違法行為

ケースワーカーの握る①プライバシーを侵害する権限と、②制裁として保護を打ち切ることのできる権限。この二つの権限の濫用は、それぞれに対応した2種類の違法行為を生んでいる。

第一のものは、①生活保護受給者を「貧困化」する違法行為。これは、受給期間中のハラスメントによって行われる。生活保護が、かえって受給者を「貧困化」するというのは、きわめて逆説的である。だが、保護の現場を見ていけば、このばかげた構図が理解できるだろう。

そして、第二のものは、②生活保護からの受給者の「追い出し」である。これは文字通り、支援を担当する行政官が、保護を必要とする貧困者を保護から排除し、場合によっては死に追いやるという事態を意味している。

この二つは渾然一体となって、二つの違法行為を生んでいる。保護打ち切りの圧力は、受給中のハラスメントを強め、また、受給者へのハラスメントは、受給者を「辞退」にまで追いやることがある。だが、それぞれをいったん分けて考察することは有意義だろう。

## 2　受給者の「貧困化」――追いつめる7つのパターン

### パターン①　暴言と脅迫

Mさん（50代、男性）

「血管が切れて倒れて、障害が残ったら楽になれるよ」。

これは、高血圧症を抱える生活保護受給者のMさんが、医療券の受け取りに行く際に、ケースワーカーが言い放った言葉だ。失業中のMさんは月に1度、医療券をもらいに行くたびに、「いつまでももらえると思うなよ」「高血圧でも仕事はできる」など就労をせかす厳しい言葉を浴びせられている。「楽になれる」とは、障害者になると就労指導の対象者でなくなり、就職活動から解放されるという意味だ。

Mさんは一級建築士の資格を有し、以前は設計の仕事をしていた。２００９年に持病の高血圧症の悪化に会社とのトラブルが重なり、手持ちの資金がない状態で退職を余儀なくされた。生活保護の受給が開始されたのはその直後だ。ところが、たび重なるケースワーカーの嫌がらせに苦しみ、自殺予防の相談窓口「いのちの電話」に相談してPOSSEを紹介されたのだった。

本来、被保護者の権利を擁護する立場にあるケースワーカーが、このような暴言を吐くなど許されることではない。まして、彼らは公務員でもある。他の公的サービスを思い浮かべれば、その異常さははっきりする。たとえば年金事務所の職員が、事務所を訪れた住民に対して悪態をつくなどということがありうるだろうか。しかし、生活保護に限ってみれば、Mさんが投げかけられたような暴言の事例は枚挙にいとまがない。


「生活保護を受けている分際で車を持つとは何事か」

「自殺したいという奴は、自殺なんかしない。心配なんかしない。なんで区役所なんかに相談くんの！」

「ホームレスになったら申請できる」

（「そんなに言われたんじゃ、俺は死ぬしかない」）「そんなら、裏の公園に行けばいい木があるよ。ヒモなら貸してやるぞ」

最後のものは、東京都荒川《あらかわ》区でかつて実際に交わされた被保護者とケースワーカーのやりとりである。

日常的に罵詈《ばり》雑言《ぞうごん》を浴びせられていては、ケースワークの前提条件となる信頼関係を築くことは不可能だろう。それどころか、受給者は委縮し、ケースワーカーと言葉を交わすことさえ苦痛となる。

Nさん（30代、女性）

夫の暴力から逃れて生活保護を受給しはじめたNさんの担当となったのは、大柄な男性のケースワーカーだった。たとえその男性に悪意がなくとも、体格は大柄だし声が大きい。家庭訪問の際に大きな音を立ててノックされると、冬場に薄着で外に放り出され、「中に入れてくれ」と必死でドアを叩いた記憶が思い出されて、辛い。これまでの経験からどうしても身体が竦《すく》んでしまい困っている、担当を変えてほしいと訴えたが、にべもなく断られたうえ、「頭がおかしい」とまで言われた。

彼女はケースワーカーの前ですっかり委縮し、面談を終えたときには涙まで浮かべていた。やっと夫の暴力から逃れたのに、これでは信頼関係どころか、保護を受給しながら平和な生活を送ることも難しいだろう。

福祉事務所からの去り際、あのケースワーカーの発言ではないが、と前置きをしてつぶやくように話した。「保護費の支給日に福祉事務所に行ったところ、外国籍らしき女性が『これでは3人の子どもを育てられない』と訴えていました。そのとき、言い合いになった職員が『じゃあ、風俗ででも働け』と言い放ったんです」。

---

*NPO法人POSSEの労働・生活相談は、原則として女性に対しては女性スタッフが対応している。

差別的な発言や侮辱的な言葉をかけるだけでも、十分権限の濫用にあたるが、さらには、威圧的な態度や言動が、単なる暴言の範囲を超えて「脅迫」に至ることもある。その最も代表的なかたちは、度の過ぎた「就労指導」である。

先ほど紹介した高血圧症を抱えるMさんは、保護開始後、市の就労支援係から「就労支援に従い、異議申し立てをしない。違反があった場合は保護を打ち切ることに同意する」という内容の書類に署名を命じられた。

そして、3カ月後に就職できていなければ保護を打ち切ると通告された。彼は職員の言葉に怯《おび》え、「打ち切られたら餓死するだろう」と覚悟したと語っている。当然ながら、就職は求職者の一存で決まるものではない。「期限を決めて就職せよ」と命じられても、自分の努力だけでどうにかできるものではない。いくらケースワーカーが自立指導の権限を持ち、「指導指示義務違反」が保護打ち切りの要件になるからと言って、無理な指導は権限の濫用である。

しかし、被保護者にとって、「指導に従わなければ保護を打ち切る」という脅しは、自らの生活を直接に左右しうるケースワーカーの「絶対的な言葉」であり、それだけで十分彼らに死を覚悟させるだけの効力を持っている（この「就労指導」については、保護の打ち切りとの関係から後でもう一度取り上げる）。

これら、暴言や脅迫は、結局は被保護者を委縮させ、生活をさらに荒《すさ》んだものにさせる。そのことで自立はかえって遠のくのである。

## パターン② 私生活への介入

ケースワーカーが被保護者に対してもつ生活指導・自立指導の権限、そして指導に従わなかった場合に保護の変更・停廃止を行うことができる権限は、ときに生活上のハラスメントへと転化する。

もちろん、被保護者はどのような指導にも服従しなければならないわけではない。生活保護法27条2項にも、指導は「被保護者の自由を尊重し、必要の最少限度に止めなければならない」とある。だが、ケースワーカーがもつ指導の権限と広範な裁量は、受給者のプライバシー侵害の温床ともなってしまっている。

2012年3月、京都府宇治《うじ》市で母子世帯の生活保護の申請者に対し、異性と生活することを禁じたり、妊娠出産した場合は生活保護打ち切りを強いる誓約書に署名させていたことが発覚した。誓約書はA4判3枚に及ぶ長大なもので、「受給中はぜいたくや無駄遣いをせず、社会的モラルを守り、節度ある生活をすることを誓う」「生活保護費削減のため、子どもの養育費を獲得することを誓う」といった私生活に踏み込んだ記述が含まれていた。

こうした私生活への介入は、〝子どもと共に暮らす〟という当たり前の選択へも及ぶことがある。

### Oさん（30代、男性）

父子家庭の父親であるOさんは、千葉県で生活保護を受給しながら、県内外を問わず求職活動にいそしんでいた。彼が就職を急いだのには理由がある。保護を受給し始めて間もなく、担当のケースワーカーから「子どもを孤児院に入れるなら、受給し続けてよい」と告げられたのだ。

4歳になる子どもを手放さなければ、生活保護を打ち切られてしまうのだろうか、と不安にかられたOさんは、縁もゆかりもない北海道になんとか就職口を見つけ、父子で移り住んだ。しかし、就職した会社の社長は、子どもの目の前で「こいつはおれが雇ってやらなかったら、子どもと一緒にいられないんだ」などと平気で口にする。この会社でやっていけるのか不安だが、元担当のケースワーカーに相談しても、「戻ってきても保護は受けられない」と冷淡な対応をされた。

彼が受けた「親子を引き離す指導」は特殊なケースではない。同じく千葉県に暮らす日本の永住権をもつ在日外国人の女性も同様の「指導」を受けている。彼女は、妊娠6カ月のとき、同棲相手からDVで家を追い出され、手持ちの資金も乏しい状態で市の生活保護課を訪れたが、「国に帰って産め」「お前に払う税金はない」など在日外国人であることを理由とした申請の拒否を受け、さらには「産んでもいいが、子どもを国（彼女の国籍上の国という意味）の施設に入れるならば、ここで受給してもいいぞ」とまで脅されてしまった。子持ちだと保護費が高くなるということが、この手の違法行政の「理由」であろう。
さらに、まったく合理性を欠いた「指導」さえ、たびたび行われている。

---

Pさん（40代、女性）

母子世帯の母親であるPさんは、数年前から生活保護を受給しながら、高校生1人と中学生2人を育てている。受給のかたわらコンビニのパートタイム勤務で月7万〜8万円の収入を得ていたが、ケースワーカーから「コンビニの仕事は安すぎる」「月10万円以上の仕事を見つけるように」と「指導」されるようになる。現在の仕事を辞めたくはなかったが、何度も執拗《しつよう》に言われるため、結局、辞めることになった。

Pさんが暮らすのは全国でも失業率の高い地方で、最低賃金も低い。子どもを3人かかえる彼女にとって10万円以上の仕事はなかなか見つからない。ケースワーカーは「介護の仕事なら10万円以上稼げる」というが、彼女は腰を悪くしており、介護のような腰に負担のかかる仕事を行うことはできない。また、ケースワーカーは、「他の市町村へ引っ越してでも10万円以上の仕事を見つけろ」というが、別の町に行けば仕事が見つかるという保証もない。根拠のない、自立指導ともいえない「指導」は、ただ、Pさんから仕事を奪い、精神的に追いつめるだけだった。

---

このように、生活全体への介入は、とどまるところを知らない。そして、私生活への介入は、第1章で紹介した天王寺区の事例にみられる尾行や監視にまでも及ぶ。だが、それらは必ずしも自立を助長しない。しかし、保護を「受ける」側は、不合理な生活介入でも耐えるしかないのだ。当たった行政官次第で、運命が変わってしまうという恐ろしい行政システムが顕現しているのである。

## パターン③　制度を使わせない

パターン②までは、問題ある行動を「する」逸脱行為の数々を紹介してきた。しかし、必要な援助を「しない」こともまたハラスメントである。そもそも、法や膨大な通達によって総体がかたち作られている生活保護制度は、専門家でもなかなか全体を把握できない。まして、利用者が制度について十分な知識を持っていることはほとんどありえない。

だからこそ、制度と利用者を仲立ちするケースワーカーの役割が重要となるのだが、それは同時に、ケースワーカーが専門家として職務をまっとうしないこと、無知であること、仕事に手を抜くことが、受給者にとって大きな不利益を生むことを意味する。

たとえば、第1章で言及した天王寺区の生活保護打ち切り事件は、本来生活保護制度から支払われるべき費用を区が支給しなかったことが発端となっている。心臓病を患い、就労もままならないAさんは、家賃が支払えない生活状況であったこともあり、友人宅に長年居候していた。生活保護を受給し始めてからは、新しくアパートを借りて、1人での生活を始めるはずだったが、天王寺区は家賃を支給しながら引っ越し費用は支給しないという矛盾した対応をとったのだ。Aさんとしても自宅で生活する方が良いとは認識していたが、なにしろ十数年間友人宅に身を寄せていたため、生活用品は段ボール箱で10箱以上の分量となる。とうてい1人では、新居に運ぶことができない。彼は、本来適用されるべき、引っ越し費用（移送費）の支給という生活保護上の制度を天王寺区が適用しなかったために、友人宅での生活を続けることを余儀なくされ、しかもそのことをもって、保護を打ち切られたのだ。

臨時的な支出に対応するものとして整備されている、転居時に家財を用意するために使う家具什器《じゅうき》費、初任給が出るまでの間の就職先への交通費などの一時扶助を利用させないといった、生活保護制度で対処できる／すべき制度を利用させない対応は頻繁にみられる。ＰＯＳＳＥに相談を寄せた関東地方在住の女性は、それまでは支給されていた通院交通費など何種類かの保護費が、担当のケースワーカーが人事異動で変わった途端、「これはお金が出ません」といきなり支給されなくなったと訴えていた。最低限度の生活ぎりぎりに設定されている生活保護費で暮らす被保護者にとっては、支給額としては少額で、一見些末にもみえる制度についてのケースワーカーの怠慢が、文字通り死活問題となる。だが、より直接的に受給者の生活を左右するのは、保護の打ち切りや開始に関する問題だろう。

## Qさん（30代、男性）

会社が倒産し、生活保護を数年前から受給する、妻、子どもとの3人世帯のQさんは、行政が生活費と就職に必要な経費を支給しなかったことによって就職の機会を逃してしまった。

Qさんは数十社への応募を経て、ようやく正社員の仕事を見つけることができた。内定を得た新しい仕事は、月の収入が手取りで30万円程度。中高年の再就職が難しい時勢で、幸運だったと自認している。ようやく生活保護から脱せると安堵したのもつかの間、就職の前月に生活保護がケースワーカーの不手際のために打ち切られ、その月の生活費がまったくない状況になってしまった。就職が決まった会社が遠方であったため、入社前に引っ越す予定だったのだが、別の市区町村へ転出する際に生活保護のケースを自治体間で引き継ぐ「ケース移管」を担当者が怠っていたのだ。

就職先まで電車で通うだけの交通費を捻出できなかったQさんは、結局内定を辞退することとなってしまった。一家は子どもも含め、数週間1日カップラーメン1食しか食べられないような生活が続き、引っ越し先の自治体で保護がふたたび開始されるまで極貧状態に置かれた。

この事例では、ケースワーカーが生活保護制度を不適切に運用し、本来なら出るはずの保護費を支給しなかったために、就労による自立が妨げられる結果となっている。

保護の終了に関するケースワーカーの職務怠慢同様、支給開始をいたずらに引き延ばす対応は、生活や人命にかかわる重大な問題行為となる。次は受給中の問題には当たらないが、急迫状態の困窮者に対して急迫保護を行わないというケースである。

---

**Rさん（30代、男性）**

埼玉県内のF市に住むRさんが生活保護の申請に市役所を訪ねたのは、ついに所持金が100円となった日だった。切符が買えず、電車を利用できないため真夏の炎天下に30分以上かけて徒歩で来庁したRさんは急迫保護を求めたが、保護課長補佐の答えは「急迫保護は行き倒れて、緊急搬送《はんそう》された人にしか基本的に適用しません。あなたの場合は、（14日以内に支給決定する）通常の申請になります」という取りつく島もないものだった。

生活保護は保護の申請から通常14日の間に、資産や居住実態、親族が扶養できないかどうかの調査を行い、保護の決定を行う。しかし、多くの困窮者が生活保護を使うべきかどうか、使えるのかどうか悩みに悩み、困窮が極まったぎりぎりの状態で福祉事務所の窓口に向かうことを考えれば、14日でも遅すぎるという事態は当然ながら発生しうる。

だからこそ、法は、「急迫の場合には、通常の手続きを後回しにして、まず保護を開始することができる」としている。生活保護制度の第一義的な目的であり存在理由は、国民の生存保障であって、その手段である調査のために命が脅《おびや》かされては本末転倒だからだ。

また、もし調査のうえで保護が必要なければ、一度支給した金品について返還を求めれば良い。返還が必要な場合についても生活保護法にすでに定められている。こうした制度の趣旨からすると、F市の対応は違法行為である。

明日の食料も買えないような困窮状態では、急迫していないはずもない。また、F市保護課の課長補佐は「行き倒れた人しか急迫保護にあたらない」と言っているが、現行生活保護法の成立を中心的に担った、当時の厚生省社会局保護課長・小山進次郎《こやましんじろう》によれば、急迫保護が行われる「急迫した状態」とは「生存が危うくされるとか、その他社会通念上放置しがたいと認められる程度に状況が切迫している場合」であるとしている。生存が危ういことだけが「急迫」の含意ではない。所持金100円で貯金も食料もなしという状況は、「社会通念上放置しがたい」と思うが……。

## パターン④　制度を悪用したパワハラ

制度を使わせない・教えないパワハラがあれば、制度を悪用したパワハラもある。

その代表例は現在注目を集めている生活保護の「不正受給」である。実は、「不正受給」とされるもののなかには、むしろ取締りをしている行政の側に非のある事例が、少なからず含まれている。

---

### Sさん（30代、男性）

数年前から生活保護を受給しているが、その直接のきっかけは労働問題だった。社会保険に加入させない、契約と仕事の内容が違うなど問題の絶えない職場だったが、最もSさんを悩ませたのは、200万円にも及ぶ賃金不払いだった。しかも、社長は「今は資金がないから全額払えない」と賃金の支払いを滞らせるかたわら、そのかわりと自らのポケットマネーからSさんにお金を「貸して」いた。金利まで設定された「借金」は膨大に膨れ上がり、労働基準監督署に駆け込んでも解決しなかったことから、自己破産で処理することになった。

経済的にも精神的にも大きな打撃を受けたSさんは生活保護を受け始めるが、ある日突然、担当のケースワーカーから「不正受給した保護費を返還せよ」と通知を受け取る。心当たりのないSさんは怪《け》訝《げん》に思い、「不正受給」だとされた総額をみると約200万円。前職の不払い賃金総額とほぼ同額である。結局支払われることのなかった不払い賃金がなぜか収入として認定され、あまつさえ「不正受給」だとして返還を迫られることになったのである。ただでさえぎりぎりの保護費から月々1万円もの額が徴収されるため、節約にいそしむものの生活は厳しい。

まさか、行政機関がこんなことをするものかと驚かれた読者もいるかもしれない。しかし、生活保護受給者など当事者がつくる「全国生活と健康を守る会連合会」の調査でも、扶養義務の照会さえしていない無関係の姉から、（事実ではない）数万円の仕送りがあると「収入認定」して、保護費を減額していたことが後からわかった事例があることが報告されている。つまり、事実ではない収入を勝手に「認定」するということも、できてしまうのだ。

このほかに多い「制度を悪用したパワハラ」の事例として、高校生のアルバイト収入の申告漏れを「不正受給」として摘発したものが挙げられる。

生活保護の「不正受給」は法第78条に定められているが、実は、その範囲は非常に限られたものとなっている。生活保護の実施要領をまとめた『生活保護手帳　別冊問答２０１２』には、「受給者に不正受給の意図があったことの立証が困難な場合」には、不正受給として処理せず、他の法規を適用して返還を求めるよう指示している。だが、問題は、「不正受給の意図」があったかどうかの判断は現場の職員にゆだねられているということだ。

第1章でも少し述べたが、高校生のアルバイト収入の無申告が「不正受給」として処理されたものには、課税対象にもならない子どものアルバイト代は申告する必要がないと思い、結果として未申告となったケースや、そもそも子どもがアルバイトしていることを親にも隠していたケースが含まれている。

生活保護制度のもとでは、高校生のアルバイト収入に関しては控除が一定額認められているため、正しく申告していれば、月3万円程度の収入であればほぼ全額手元に残る制度設計になっているので、制度を理解していれば、受給者の側がこれを隠す理由はない。つまり、行政自身の規定に従えば、不正を犯そうという積極的な意図がなかったこれらの事例は、「不正受給」に当たらない。しかし、単なるケースワーカーの説明不足、職務怠慢に、不当な判断が重なって「不正受給」とされてしまっているのだ。

この「不正」の認定自体が、法律の趣旨を捻じ曲げており、悪意のある違法行政だといってよい。

## パターン⑤　無料低額宿泊所

貧困ビジネスという言葉をご存じだろうか。貧困ビジネスとは、「貧困層をターゲットにしていて、かつ貧困からの脱却に資することなく、貧困を固定化するビジネス」とされている。資源に乏しい生活困窮者は通常ビジネスの顧客とはなりづらいが、ひとたび生活保護を受給し始めれば〝公的な金を安定的に吸い上げる対象〟となりうる。そのために、路上生活者に「布団で寝られる」「ご飯が食べられる」などと声をかけて宿泊施設に囲い込み、生活保護を申請させて保護費の大半を食費・宿泊費の名目で徴収するといった業者が後を絶たないのだ。

こうした貧困ビジネスの温床のひとつとなっているのが、無料低額宿泊所である。そもそも無料低額宿泊所は、社会福祉法に根拠を持つ福祉施設だが、その実態は到底「福祉的」とは言えない凄惨なものだ。

### Tさん（40代、男性）

仕事を求めて上京したTさんは、持病のヘルニアをおしてハローワークに通っていたが、家が定まらないうちに所持金が底をつき、路上で生活せざるをえなくなった。困ったTさんは生活保護を申請し、福祉事務所から無料低額宿泊所をあっせんしてもらい、当面の居所を確保することができた。だが、彼の本当の受難はここからだったのだ。

Tさんが入居したのは、東京都内に立地する無料低額宿泊所の約4割を占めるNPO法人SSSの一施設で、20〜30人が居住していた。居住環境はとても良いものとはいえない。部屋は畳《たたみ》だが、地下1階だったTさんの部屋には日が当たらず、空調もなかった。布団は前の入居者のものをそのまま使いまわしているようで、カビているばかりか虫もついている。そして、部屋は相部屋である。一応個人のスペースを確保している体裁をとっていたが、仕切りは薄いベニヤ板1枚。その板も天井まで届いていないため、物音や声は筒抜けだ（図表15〜16）。

食事も提供されたが、米・みそ汁・おかず1品のメニューが朝夕の1日2回。おかずは日によって変わるが、魚1匹やさつまあげ、納豆や卵だ。しかも、食材が配給されるのみで、調理は当番制で入居者が担当するのに、食費は月額で3万円にもなる。宿泊費も合わせた9万5000円が自動的にSSSにわたるので、Tさんの手元には3万円しか残らない。こうし

**図表15　ある宿泊所の室内の様子**

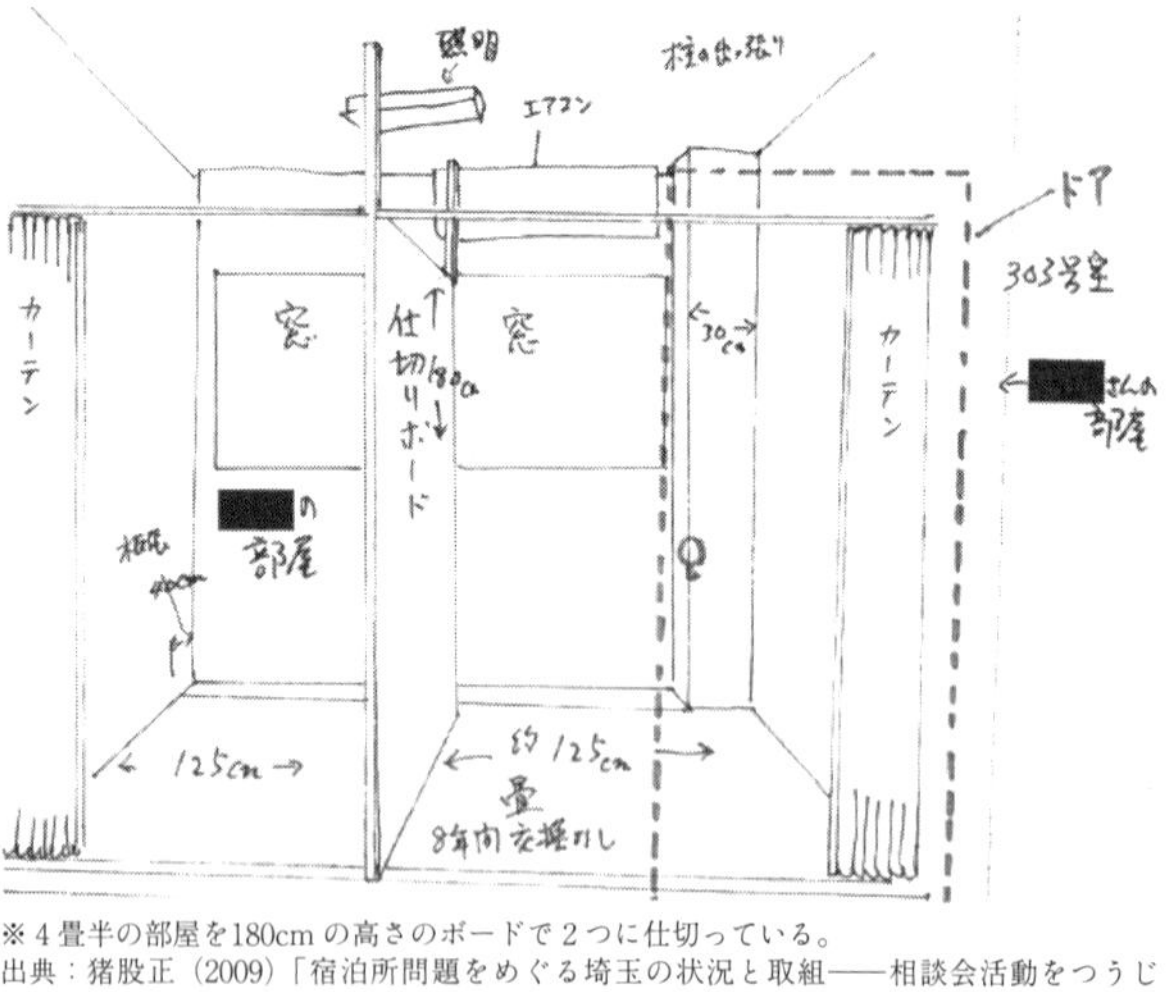


※4畳半の部屋を180cmの高さのボードで2つに仕切っている。
出典：猪股正（2009）「宿泊所問題をめぐる埼玉の状況と取組――相談会活動をつうじて」『賃金と社会保障』1503号

た問題に加え、施設からの管理や締め付けがあまりに厳しかった。携帯電話の使用が禁止されており、外出時にはどこに何時から何時まで行ってきたかノートに書かなくてはならなかった。門限は17時で、金銭的な余裕もないために就職活動もできない。

これ以上は我慢できないと、区福祉事務所を再度訪れ、アパート入居に要する費用を請求すべくかけあったが、職員は施設の実態を把握しながらも「できない」の一点張りで押し問答が続いた。都の生活福祉部保護課にも問い合わせて、なんとか数

**図表16　ある宿泊施設の個室の間取り**

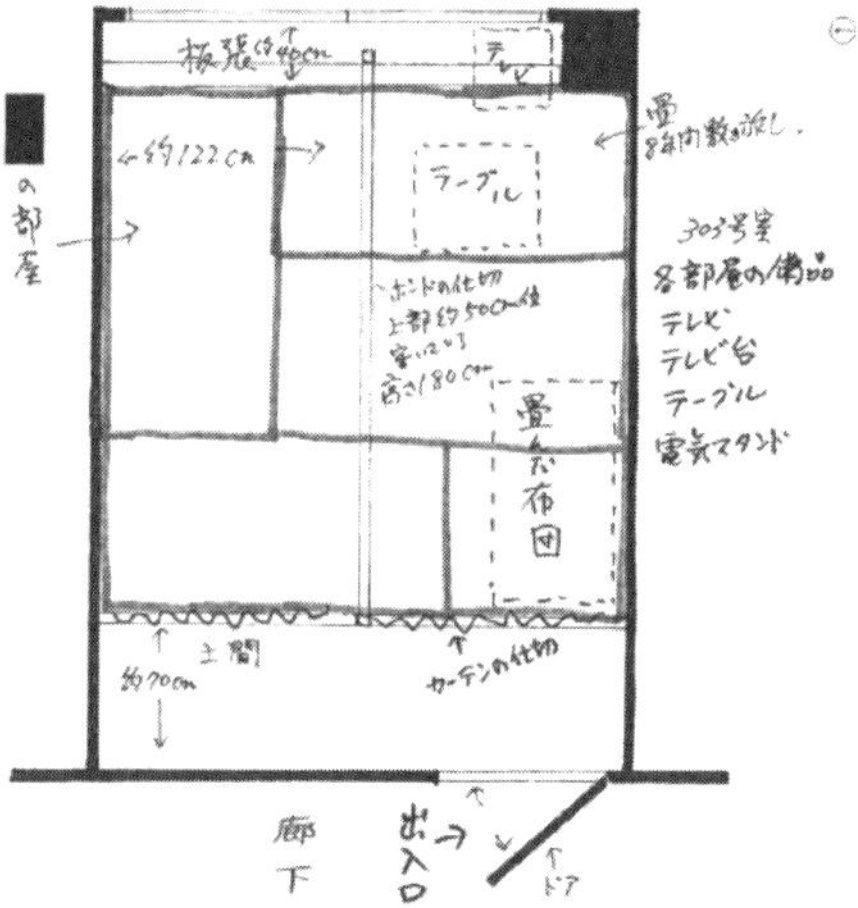


出典：猪股正（2009）「宿泊所問題をめぐる埼玉の状況と取組——相談会活動をつうじて」『賃金と社会保障』1503号

一時間後にアパート転宅の手続きを進めることができた。

生活保護はアパートなど自宅での保護を原則としているが、実際には、Tさんのようにホームレス状態にある方は宿泊所に入所させるという画一的・不適切な対応が各地で行われている。彼が身を持って体験したように、多くの宿泊所で劣悪な環境が放置されているにもかかわらず、である。

埼玉弁護士会などが2009年8月に開催した宿泊所問題相談会には、約40人の相談者が訪れた。相談会参加者のほぼ全員が、宿泊所を脱出してアパートへ転居したいと強く訴え、半数以上がその理由に「お金の自由」「仕事探し」「食事」を挙げている。

宿泊所での入所者を徹底的に管理する姿勢は、同年に公表された官庁の調査からも垣間見える。厚労省「社会福祉法第2条第3項に規定する無料低額宿泊事業を行う施設の状況に関する調査の結果について」によれば、調査対象の施設の約3割で金銭管理が行われており、うち約3割は契約なしに管理していた。無断で入居者名義の預金口座をつくり、振り込まれた保護費を管理するようなことが多くの施設で行われている。

## †貧困ビジネスの広がり

無料低額宿泊所は2009年時点で全国に439施設あり、入所者数は1万4964人。利用者の9割以上は生活保護受給者である。さらに無届けの法定外施設が、このほかに1000施設以上あることがわかっている。

無料低額宿泊所がその施設数を右肩上がりに増やしたのは2000年頃（図表17）。長引く不況を背景に路上生活者が増えた時期とちょうど重なっている。東京都特別区内の路上生活者数は1998年2月から99年8月にかけて激増し、その後横ばい状態が続いたが、2005年2月以降に減少に転じた（図表18）。宿泊所の急増と対照的に、路上生活者数が急増から横ばいへ、横ばいから減少へと変化していることから、増え続ける無料低額宿泊所に路上生活者が大量に吸収されたのではないかと推測される。

しかし、路上生活者が屋根の下で暮らせるようになったからといって、問題が解決したわけではない。宿泊所の劣悪な居住環境はすでにみたとおりである。宿泊所を一種のセーフティネットとみなして肯定的に評価する論者もいるが、賛成できない。

## 図表17　無料低額宿泊所施設数の推移

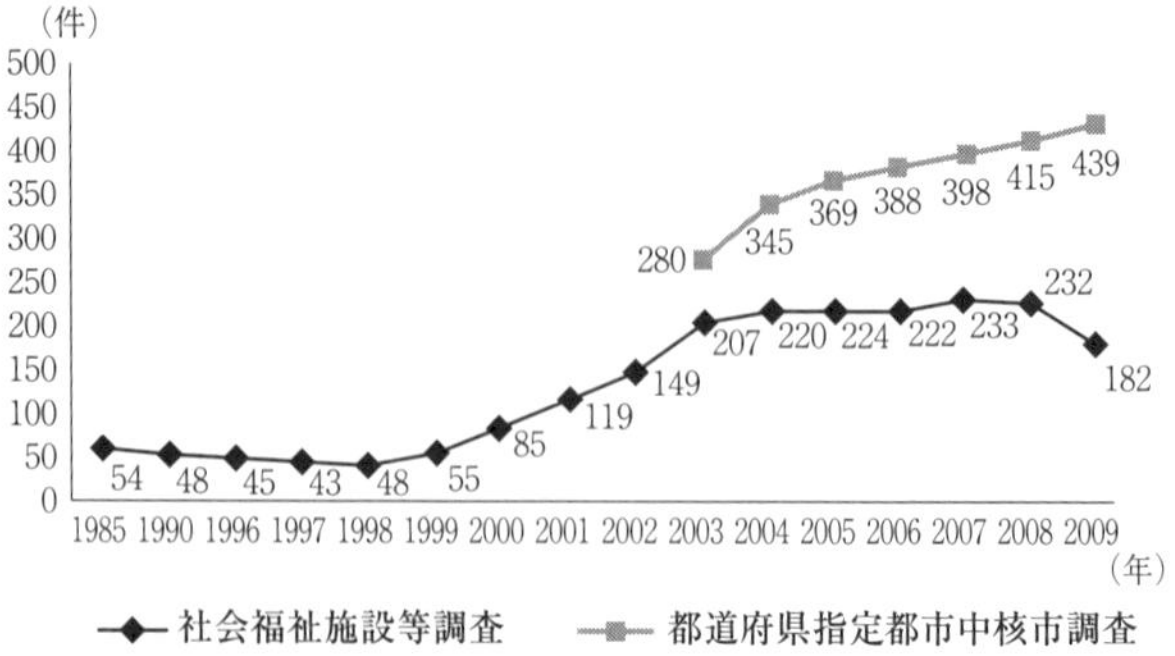


出典：日本弁護士連合会貧困問題対策本部編（2011）『貧困ビジネス被害の実態と法的対応策』民事法研究会

## 図表18　東京都特別区内のホームレス数

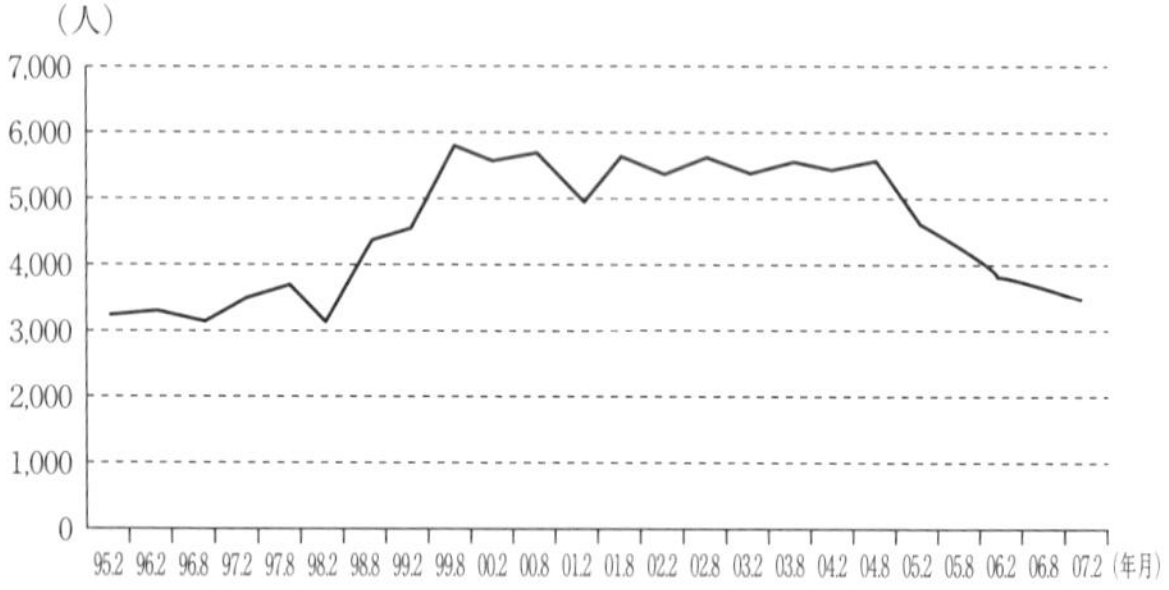


出典：日本弁護士連合会貧困問題対策本部編（2011）『貧困ビジネス被害の実態と法的対応策』民事法研究会

Uさん（60代、女性）

糖尿病を抱えるUさんは、生活保護の受給開始と同時に無料低額宿泊所に入居させられた。そこでは寮費や食費といった名目で費用が徴収され、手元に残る保護費は3万円だけだったという。また、提供される食事は朝晩の2回、ご飯とみそ汁だけだ。昼飯は3万円の保護費から自己負担しなければならない。

糖尿病患者の場合、栄養バランスの取れた食事を1日3食取る、摂取カロリーを一定以下に抑えるなど食事の管理が病状の安定に必要とされている。しかし、手元に残る3万円では節約せざるを得ず、糖尿病は悪化の一途を辿った。何とか栄養のバランスを取ろうと提供される食事以外にも、野菜を取るなどしようとした結果、3万円では賄いきれず、翌月の支給日を待たずに保護費を使い切ってしまった。困り果てた彼女は、福祉事務所の窓口を訪れたが、そこでは非常用の乾パンを手渡されるだけだった。

粗暴な「管理」の結果、自立は遠のき、むしろ生活保護に滞留する。つまり、「貧困化」を促進する。にもかかわらず、これを「ビジネス」としている業者にとっては、その方が安定的に資金を得られるので都合がよいのだ。

そして、宿泊所問題の広がりの背景には、国や自治体も無関係ではない。TさんやUさんに宿泊所をあっせんしたのは福祉事務所であり、しかも後に彼らが施設の劣悪な環境を訴えてもまるで取り合わなかった。

おそらく、一カ所に受給者を集め、業者が管理するのであれば、恒常的な人手不足に悩む福祉事務所の負担は軽減されるという打算が働いたと思われる。また、住所不定者の保護実施責任を市や区に負わせるのに疑問があることを主な理由として、宿泊所入所者の保護費を都道府県と国が全額負担している自治体が多いことも福祉事務所が宿泊所利用を促す一つの理由となっている。

このように、ケースワーカーはプライバシーに介入し、その結果「貧困化」した状態に「とどめ置く」ことで、最大限に「コスト」を削減しようとする傾向がある。ここまで見てきた諸類型はこの点で共通している。無料低額宿泊所の活用は、そうした「貧困化」によるコスト削減の、最たるものなのである。

この「貧困化」によって、自立という法律上の目的は、確実に遠のいていく。

## †生活保護からの「追い出し」

ここからは、生活保護が不当に打ち切られるパターンを見ていこう。

## パターン⑥　不当な打ち切り

パターン①で取り上げた事例で、Nさんは「3カ月後に就職できていなければ保護を打ち切る」という脅しを受けていた。実際には、打ち切りは行われなかったが、脅迫が脅迫で終わらない場合もある。

2012年大阪高裁で争われた生活保護打ち切りの事例はこの一例である。原告である50代の男性は、病身の妻の世話をしながら、反物《たんもの》に手描きで柄《がら》をつける内職で生計を立てていたが、1996年から生活保護の受給を始めている。仕事を続けながら、部分的に保護を受けるかたちを選んだ。この時点で男性には月13万円程度の収入があったが、次第に仕事の単価が下がり、2000年以降、収入は月額で2万〜6万円に落ち込んでいた。京都市の福祉事務所は、「収入を倍増せよ」という実現不可能な指示を出し、「できなければ収入増加に役立てるために保有を許可した車の処分せよ」と指示した。そして、市は指示に従わなかったことを理由に保護を打ち切ったのだ。

「就労指導」を根拠とした打ち切りの代表的な事例だが、不当な打ち切りの事例はこれだけにとどまらない。なかには理由らしい理由のないケースもある。第2章でも紹介した、2013年3月に判決が確定した三郷市生活保護裁判の事例はこの一例である。

1年以上に及ぶ「水際作戦」の被害を受けた40歳代の夫婦と子どもの3人家族は、2006年、弁護士の助力を得て、ようやく生活保護の申請にたどりついた。保護の開始が決定し、やっと生活が落ち着くと安心したのもつかの間、今度は根拠のない市外への「転居指導」が始まった。強引な転居指導に逆らうすべもなく、間もなく、家族は東京都葛飾《かつしか》区へ屋を移す。その後の弁護士の問い合わせに対し、担当のケースワーカーは「大の大人が3人もいて、いつまでも保護を受けていると堕落する」と暴言を吐いたうえ、保護開始からわずか2カ月ちょっとで保護を打ち切られた。

生活保護は最後のセーフティネットといわれる。その言葉は、年金などの他の社会保障制度や親族の扶養、資産や働く能力を活用しても生活が維持できない困窮者を対象とする、制度自体の性格を率直に言い表している。逆に、生活保護に流入する困窮者層には、生活保護の他にまったく頼る術を持たない人がほとんどなのである。だからこそ、本来、保護終了後にも生活は立ち行くのか、打ち切りは慎重の上に慎重を期して行われるべきものなのだ。

図表19　廃止理由別保護廃止数

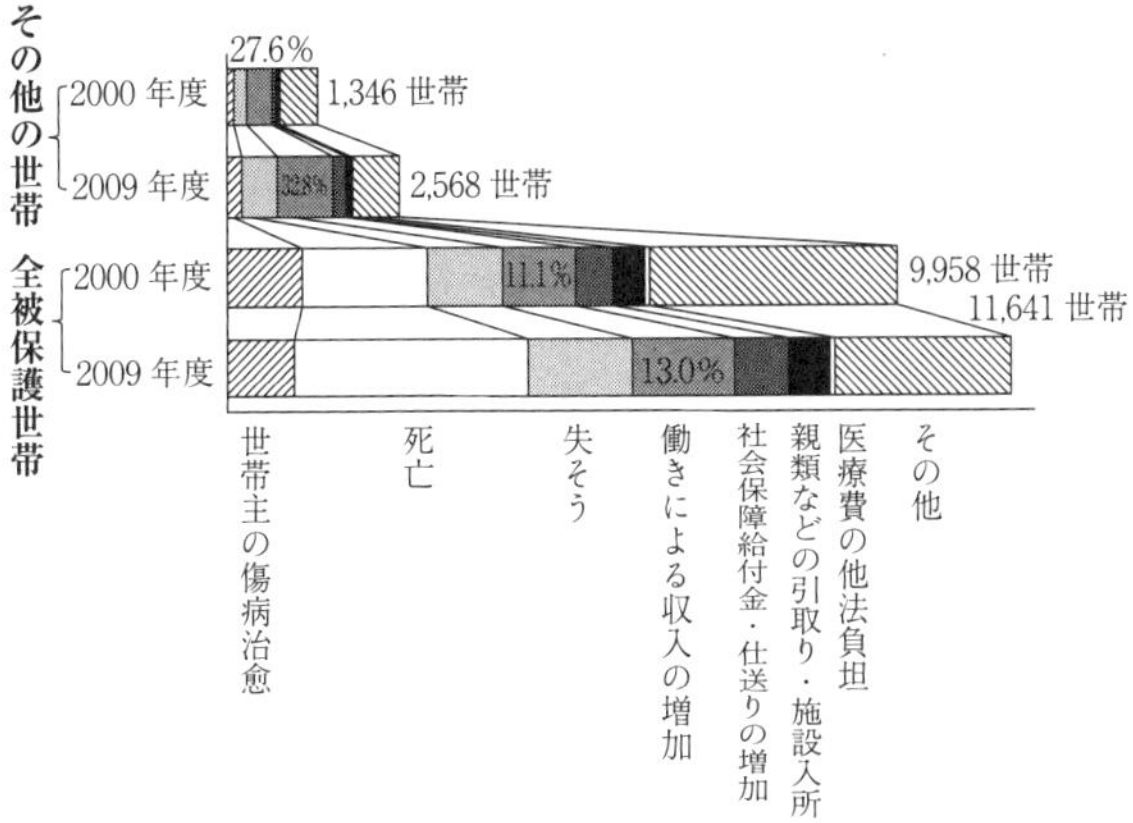


注：「その他」には、指導・義務違反、拘置、拘留などが含まれる。
出典：厚生労働省（2011/5/30）「生活保護制度の現状等について」第1回生活保護制度に関する国と地方の協議・資料3

たとえば収入の増加を理由とした保護の打ち切りの場合、打ち切り後も約6カ月間、保護がふたたび必要な状態となっていないかどうか確認するよう、厚労省は福祉事務所に求めている。

だが実態は、行政自身の定めに規則から乖離しているように見える。

藤原《ふじわら》千《ち》沙《さ》・湯《ゆ》澤《ざわ》直美《なおみ》による、ある自治体の母子世帯の保護の廃止（終了）に関する調査では、近年徐々に増えてきている「働きによる収入の増加」を理由とした保護の打ち切りがなされた世帯のうち、収入が生活保護基準以上だった世帯は全体の2割にすぎず、4世帯に1世帯は生活保護基準の20％台の収入認定額で打ち切られていることがわかっている（図表19）。

## パターン⑦　「辞退届」の強要

ある意味では最も苛烈で、かつ広くみられるパワハラは「辞退届の強要」だ。辞退届はその名称通り、受給者の自発的な辞退の意思を示す手段だ。人から強要されるものではない。だが実際の保護の現場では、ケースワーカーとの圧倒的な力関係の非対称性を前提とした「強要」がまかり通っている。そうした逸脱的な行為は、ときには困窮者を死にまで追いつめる。

第2章で取り上げた北九州市小倉北餓死事件は、こうした強要の果てに起きた悲劇である。亡くなった男性は、通院療養中から、保護の打ち切りをちらつかせながらの脅迫めいた「自立指導」を受け、ついには「辞退届」の提出を強要された。死の直前に書いていた日記には「せっかく頑張ろうと思っていた矢先切りやがった。生活困窮者は、はよ死ねってことか」「書かされ、印まで押させ、自立指どうしたんか」という言葉が並んでいる。

「強い意思で自立する」という下書きまで渡されて辞退届を強要された50代男性の事例。保護開始直後に「届を書かないと保護費は渡せない」と言われ、辞退届を書かされ、保護が廃止された7人の子を抱える母子家庭の母親の事例。北九州市での違法行為の事例は枚挙にいとまがないが、深刻なのは、このような違法な対応が他の自治体にも広がっているという事実だ。

## Vさん（50代、男性）

札幌市に住むVさんは鉄筋工だったが、痛風《つうふう》で働けなくなり、2000年から生活保護を受給していた。腰痛に苦しむVさんを見かねた弟が軽自動車を購入し、2008年からは車での通院をはじめていた。

ところが、ケースワーカーから「受給者には乗用車の使用は原則的に認められていない」と指摘され、「辞退届を書かなければ先月分を返してもらう」と告げられたという。そして、ケースワーカーが読み上げる通り「仕事を見つけるので生活保護を辞退します」との文章を書いたところ、その「辞退届」を根拠に保護が打ち切られた。

翌月、Vさんは弟に車を返還したうえ、支援団体の助けを得て再申請。申請は受理され、同時に男性は保護の打ち切りを不当として審査請求を行っている。知事に対する審査請求では「強要があったという事実を明らかにし、再発防止をはかってほしい」と話

している。（「生活保護辞退は強要か　札幌の男性が知事に審査請求」北海道新聞、2006年3月7日記事より再構成）

国も、「辞退届」の強要が保護の現場で横行していることを一定程度認識している。全国の福祉事務所に対する保護の実施体制の監査が、厚労省の主導の下、行われているが、「辞退届」の提出による保護廃止の取扱いは毎年、監査の重点項目に挙げられている。

2012年度の監査報告では、「最低生活費に比べ、収入が著しく低いにもかかわらず保護を辞退しているケースなどにおいて、保護辞退に至る経緯や具体的な自立の目途などがケース記録上まったく明らかとなっていないため、真に被保護者本人の任意かつ真摯な意思に基づく辞退であったか客観的に確認できない事例」など、不適切な取扱いが報告された。

その一部は監査などでも明らかにされているが、ケース記録にさえ残らない、「辞退」を理由とした保護の打ち切りが、実は頻繁に行われている可能性が高い。

——Wさん（30代、男性）

長年、工場で勤務してきたWさんは、仕事が原因の腰痛を患ったことをきっかけに失職。しばらくは雇用保険や貯金で食いつないできたが、蓄えも底をつき、生活保護を受給するようになった。

保護の申請はしたものの、面接相談員からは決定まで30日もの期間を要すると説明された。本来、保護の開始は申請から14日以内に行わなければならないが、この地域ではその期間を30日まで延ばす処理が慣習化していた。手元に現金がまったくなかったWさんは、やむを得ずヤミ金から10万円を生活費として借り入れた。1カ月後、保護の決定が下り、とにかく当面の生活の目途はついたものの、ヤミ金からの借り入れは利息であっという間に膨れ上がり、月々の返済に窮するようになった。

相手は、Wさんが生活保護を利用していることを知っていて、保護の支給日になると玄関先に立って待ち、ATMでお金を引き出すところまでついてくる。最終的には、ケースワーカーに介入を依頼し、返済し終えたが、わずかな間に返済総額は借入額の3倍にまで膨れ上がっていたうえ、借金返済を優先させたために、今度は家賃の支払いが滞ってしまった。

滞納を理由に保証会社から立ち退きを迫られ、困ったWさんは、何度もケースワーカーに相談している。しかし、返答は「家を追い出されると失踪扱いとなり、生活保護は打ち切られる」「無料低額宿泊所に入るか、ホームレスになって打ち切りか。でも、宿泊所に空きがあるかはわからない」というものだった。「ケースワーカーは打ち切ろうとしているのか」と投げやりな気持ちになったWさんは、ケースワーカーの電話での「今後どうするか」との問いに「じゃあ、もう打ち切ってください」と答えた。もちろん、それは一時の感情に任せた返答で、保護を打ち切られては生活が立ち行かない。しかし、ケースワーカーは、その電話でのやりとりだけで、打ち切りを決定していた。

彼のケースでは、「辞退届」さえ用いられず、ケースワーカーはごく簡単に保護の打ち切りを処理している。被保護者の「その後」が路上生活だとわかっていても、躊躇《ちゅうちょ》されていない。

## 3 違法行為はなぜ起きるのか

ここまで、生活保護受給者が保護の開始以降も水際作戦に続いて出会う数々の違法行政の内容をみてきた。繰り返し述べてきたように、ケースワーカーが生保制度運用について、巨大な権限を有しており、受給者との間に圧倒的に非対称的な権力関係が形成されていることこそが、違法行為の温床になってしまっている。

生活保護の違法行政は、法制度の趣旨や本来の運用のあり方から必然的に生じやすくなっているのだ。そして、ケースワーカーに権限が集中するために、一度そのケースワーカが法律に忠実ではなくなると、違法行為や逸脱行為（明確に違法行為とはいえなくとも、法律の趣旨・目的から外れる行為。たとえば、「自立を促すため」に、精神病になるほどの圧迫を行うことなど）はとどまるところを知らない。

法律自体の「ケースワーカー依存」と、「ケースワーカーの不良化」の両方が、違法行為の源泉となっている。

## †逸脱行為の3類型

一端、ここで議論を整理しよう。生活保護行政による違法行為は、保護の過程（「保護の開始」「受給中」「保護の終了」）に合わせて、①水際作戦、②保護受給中のハラスメント

(貧困化)、③保護からの追い出しの三つに類型化できる。

## ①水際作戦

第一のものは、生活保護支給－受給関係に要保護者を入れないよう、窓口で追い返す水際作戦である。ひとたび申請を受けつけてしまえば、行政は申請者が保護を必要としているかどうか調査し、必要であれば保護を実施する義務を行政が負うことになる。だからこそ、そもそもそういった権利－義務関係に入らないよう、「水際」で追い返すという対応が生じる。

## ②貧困化――保護受給中のハラスメント、不適切な「ケースワーク」

生活保護受給中には、被保護者はたびたびケースワーカーによる種々のハラスメントや不適切な「ケースワーク」の被害を受ける。

生活保護のケースワークは「自立の助長」をその目的としている。だが、生活保護の受給を開始するとともに、受給者は一般市民としてではなく、監視と管理の対象として扱われるために、実際の「ケースワーク」は、支援よりも「統制」の色彩を強く帯びる。そのため、保護の現場では、ケースワーカーの働きかけが受給者をいっそう追いつめ、自立から遠ざけてしまうことさえまれではない。

### ③保護からの追い出し

第三のものは、「保護の終了」過程で発生する。実際には、生活保護制度を必要としている困窮者を生活保護から追い出し、強制的に「自立」させる。最悪の場合、こうした対応は餓死や孤独死を生むことになる。

## †違法・逸脱行為の要因

では、なぜこのようなことが起こっているのだろうか？　ケースワーカーの権限が強いことが違法行政の背景にあるとしても、その権限が「悪用」されるには、別の要因が必要である。その要因とは、生活保護費の削減と、「不良なケースワーカー」の増大である。

### ①目的を逸脱した「適正化」政策

先に見た二つの違法行為、水際作戦と保護からの追い出しから読み取れるのは、保護費の増大を抑制したい／削減したいという財政上の要請である。ここには、国レベルの適正化政策が関係している。

現行生活保護制度の成立以来、たびたび繰り返されてきた「適正化」政策は、事実上、生活保護費の削減圧力として現れてきた。実際、「適正化」の時期には、かならず受給者数が著しく減少している（図表20）。その意味で、政策としては非常に「有効」だったといえよう。

しかし、その背後では多くの不合理や違法行為が生み出されてきた。パターン⑦で取り上げた「辞退届」の強要は、その一例である。北九州市では、年間の生活保護予算に300億円の上限を設け、その予算に沿って保護の廃止目標数を立てるということがなされていた（図表21）。この「300億円ルール」の存在が、保護を打ち切る手段として、「辞退届」の強要を常態化させていたのだ。

こうした「予算削減圧力」が重大な決め手となって、違法行為が横行していることは間違いない。しかし、一方で、保護受給中のハラスメント、不適切な「ケースワーク」は、無料低額宿泊所に見られるように、「貧困化」を引き起こすことで、むしろ受給者の自立を妨げ、滞留させる。だから、少なくとも直接、「適正化」に貢献するものではない。

## 図表20　世帯保護率（%）の年次推移と「適正化」政策

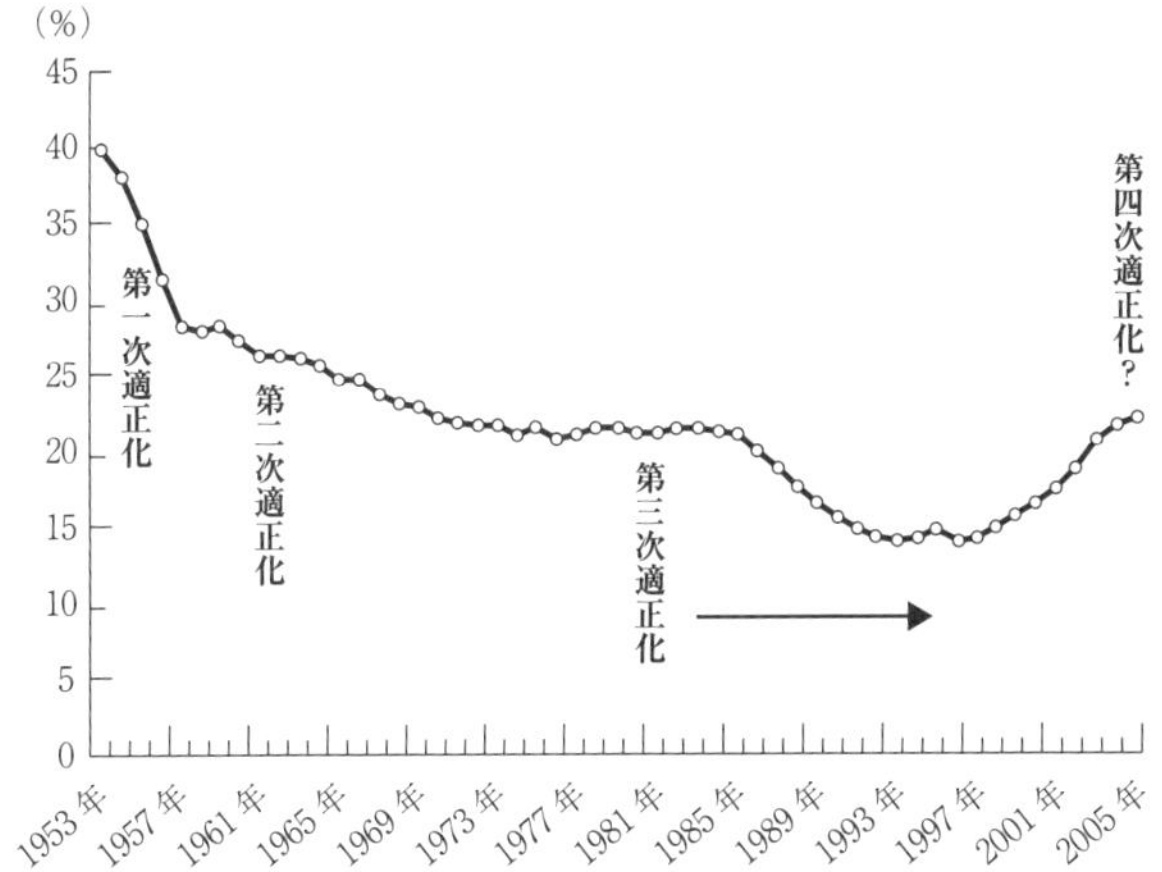


出典：唐鎌直義編（2008）『どうする！あなたの社会保障　④生活保護』旬報社

## 図表21　北九州市生活保護費決定額の推移

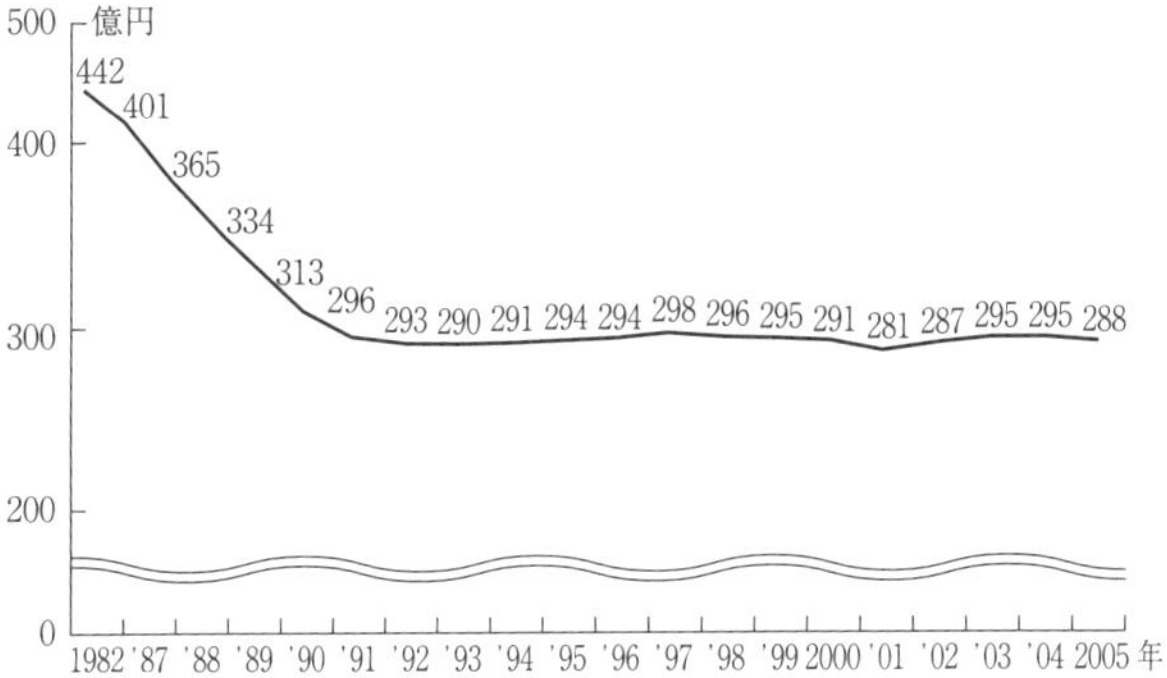


出典：藤藪貴治・尾藤廣喜（2007）『生活保護「ヤミの北九州方式」を糾す』あけび書房

そこで、第二の要因として、「不良ケースワーカー」の存在が、保護受給中の逸脱行為の要因として浮上するのである。

## ②ケースワーカーの裁量

保護の現場で違法・逸脱行為を下支えしているのが、ケースワーカーのもつ広範な裁量である。

すでに述べたとおり、生活保護制度は単に現金を支給するだけではなく、「自立の助長」をその目的のひとつに据《す》えている制度であり、その目的を実際に遂行するのがケースワーカーである。

受給者の生活に合わせた助言や支援と、保護の決定を一手に担うケースワーカーには、ケースワークの性質自体が法的規制になじまないこともあって、制度運用に関する自律的な作業領域が広範に与えられている。金銭給付や医療などの現物給付の実施については実施要領として詳細な通知が示されているが、ケースワークに関しては強制的な指示を除いて具体的に示されておらず、ケースワーカーの力量や判断に負う要素が多いのだ。

しかも職務の性質上、彼らには、調査や指導のために被保護者のプライバシーを侵害する権限と、指導に従わなかったことへの事実上の制裁として保護を打ち切ることのできる権限が与えられている。制度の趣旨からすれば、受給者の自立の助長を図るための裁量が、実際の運用では、ハラスメント行為に堕している場合があるのだ。

こうした違法・逸脱行為は、受給者とケースワーカーの信頼関係を壊し、自立支援を困難にするだろう。また、ケースワーカーが受給者に与える威圧感や恐怖心は、体調の悪化などのかたちで被保護者の不利益につながり、本来のねらいとは正反対に自立をも阻害してしまう。

### ③人手不足

だが、その与えられた裁量を、なぜまともに行使しないケースワーカーが現れるのか。その一つの要因が、人員の不足である。

生活保護ケースワーカーの配置基準は、1999年まで法律で定められていた。2000年の地方分権一括法の施行によって、法定数から設置標準へと規制が緩和されたが、概ねケースワーカー1人が被保護世帯80を担当するのが適当とされている。しかし、実際には80ケース以上の世帯を担当し、その業務過重のために満足にケースワークを行う余裕もない職員が少なくないのだ。

その背景にある最大の理由は、制度成立以来の財政問題である。生活保護費についての国と地方の負担割合は、国4分の3、地方4分の1となっている。だが、これは受給者の手に渡る保護費や生活保護に関する施設の運営費用に限られ、ケースワーカーの人件費や資産調査などに要する事務費を含む膨大な行政費用は100％地方が負担することになっている。厳しい地方財政下で、必要なケースワーカーの数が確保できない事態が生じるのは半ば避けがたい。

財政上の問題は、現在の生活保護法のかたちを整えた当時の厚生官僚も気づいていた。彼らは、生活保護法のなかにケースワーカーの人件費の規定を盛り込み、国の財政上の負担を明確化しようとしていたが、結局、大蔵省（当時）との反対にあい、実現しなかった。この「人件費国庫負担ゼロ」という決定によって、ケースワーカーの配置人数が法定基準の8割という状況から、今日の生活保護制度は出発することになった。

現在でも、100以上のケースを抱え、事務処理に追われるケースワーカーは決して少数ではない。大阪市では、100ケースどころか、高齢者の安否確認のための訪問活動に従事する嘱託《しょくたく》職員の配置を理由に、高齢者ケースについては1人のケースワーカーに40

0世帯まで担当させるなど、人手不足とそれゆえの業務過重が常態化していることがさまざまな調査によって明らかにされている。

## ④専門性不足

加えて重要なのは、ケースワーカーの専門性不足である。

生活に困窮した市民が訪れる生活保護の窓口は、ひとつ対応を間違えば命にもかかわる現場だ。その責任の重さは、医療機関にも喩えられるだろう。病院ならば、無免許の医師の診療行為は絶対に許されない。だが、生活保護ケースワーカーの職員は、そうではない。

ケースワーカーの福祉専門職採用は全国でも横浜市などごくわずかの自治体で実施されているのみで、ほとんどは一般事務職として地方自治体に採用され、配置転換によって福祉事務所に赴任している。

ケースワーカーの人事異動は、3年程度の短い期間が通例であると言われている。短い就任期間では、収入認定、保護費の計算、保護の決定などに関わる膨大な運用規則を覚えるだけで手いっぱいとなり、十全にケースワークを学び、行うような余裕は生まれるはずもない。

ケースワーカーの任に就くには、一応、「社会福祉主事」という資格の保有が求められるが、この資格の取得要件はきわめて緩い。厚生労働大臣の指定する30以上の科目のうち3科目の単位を修得して、大学を卒業するだけで、誰でも取得することができるので、社会福祉学を専攻していなくても、文学部や経済学部の卒業者であれば、自分でも気づいていないうちに社会福祉主事の資格を満たしている可能性がある。また、異動が決まってから研修で取得することもできる。

しかも、その、ほとんど誰でも取得できるような「社会福祉主事」資格の保有さえ徹底されていない。2004年時点におけるケースワーカーの社会福祉主事資格保有率は61・4％にすぎず、実に4割ものケースワーカーが無資格で業務を行っている。もちろん、これは違法である。

もともと、戦前の救護法の担い手は方面《ほうめん》委員と呼ばれる、一種のボランティアであった。地域の篤志家《とくしか》などが、無報酬の名誉職としてその任に就き、戦後は民生委員として継承された。だが、1950年の生活保護改正にあたって、GHQ（連合国軍最高司令官総司令部）は生活保護運用からの民生委員の排除と、有給の専門職員の配置を強力に主張した。民生委員を非民主的勢力であり、軍国主義の一部とみなしたからである。

改正法はGHQの意向を反映することとなったが、それまで貧困対策がボランティア任せであった当時の日本にあって、高度な知識と技能を持つ専門職を確保し、全国の福祉事務所に配置することはどだい無理な話であった。量産を迫られた生活保護制度の担い手「社会福祉主事」は、人数の確保が優先され、その専門性は低いものとなった。

### ⑤マニュアル仕事

先に挙げた専門性の欠如にも関係するが、保護の現場ではマニュアル的な対応が蔓延《まんえん》し、それが受給者に多大な不利益を生んでいる。

もしかすると、「生活保護制度は国の制度であって、その運用は公平性を保つよう厳格に通達などで縛られているのではないか」と違和感を持つ方もいるかもしれない。確かにその認識は一面において正しい。だが、繰り返し指摘してきたように、現場のケースワーカーには広範な裁量が与えられていることも、他方で事実である。そこにマニュアル仕事がはびこり、逸脱へと転化しうる余地がある。

たとえば、生活保護に備えられた一時扶助などの諸制度が使われるにも、その開始の判断、程度の決定はケースワーカーが担っている。加えて、通達などで厳密に運用を縛ることのできない自立支援は、もっぱらケースワーカーの裁量で行われる。

そのような状況で、受給者を上から分類し、機械的に取り扱うとどうなるか。財政削減のために、行政にとって「効率的」な方法を一律に押しつける結果となる。パターン⑤にみた無料低額宿泊所はその典型例である。生活保護法に従うのであれば、アパートなど居宅での保護を原則とし、それができないほどの重篤《じゆうとく》な疾患や障害がある場合に限って施設入所を指導すべきだ。

しかし、実際には、居宅生活が可能かどうかという被保護者の状況にかかわらず、家庭訪問や生活指導の手間を削減したいという組織運営上の「合理性」によって、「路上生活者であれば無料低額宿泊所に入所させる」という機械的な対応が取られている。受給者にとってみれば、行政側の都合を一方的に押しつけられていることになる。

一件一件のケースに丁寧に対応し、確実に自立を支援するのではなく、ただ「安い方法」「楽な方法」を一律に適応していく。本当は、専門性と裁量権限によって、自立を助長するはずのケースワーカーが、ただ無思考に、実施要領や行政慣行を機械的に適用するだけになってしまっているのである。

## ⑥差別意識

さらに、行政組織とは無関係に、ケースワーカー個人の資質が対応を変える場面もある。ケースワーカーが握る広範な裁量に、個人的な差別意識が忍び込む。パターン①でみた暴言と脅迫はその最たるものだ。

すでにいくつか餓死・自殺事件の実例を挙げて、北九州市で行われた行政による違法行為の数々をみてきたが、北九州市生活保護行政の性質は「ケースワーカーからみた門司『孤独死』事件」（２００６年９月）に克明に表れている。これは、北九州市市職員労働組合が、ケースワーカーを含む約１６０名の福祉事務所保護課職員を対象に実施した、無記名アンケートの結果一覧である。タイトルの通り、２００６年に発生した門司餓死事件を受けて実施されたものだが、この餓死事件における門司福祉事務所の対応の是非については４割以上が「適切」と答え、「不適切」と答えた層は３割に満たなかった。さらに、今後の防止策については、「申請書の交付制限を緩和する」と答えたのはわずか13・５％にすぎない。自由記述欄には、貧困対策の第一線で働くケースワーカーの「内面」が剝《む》き出しになっている。

図表22　逸脱行為とその発現要因

| 下支えする構造 | 主要因 | 強化要因 | 現象する逸脱行為 |
|---|---|---|---|
| 広範な裁量 | 「適正化」政策 | 職員の不足<br>専門性不足<br>組織のマニュアル化<br>個人の差別意識 | ①暴言と脅迫<br>②私生活への介入<br>③制度を使わせない<br>④制度を悪用したパワハラ<br>⑤無料低額宿泊所<br>⑥不当な打ち切り<br>⑦「辞退届」の強要 |

「親を放置した次男の責任を行政に転嫁していないか？」

「ケースワーカーに対し捜査権を与えて不正を許さないような保護にしたほうがよい」

「今回のケースの生活歴を見てみると過去は自由気ままに税金も国保料も払わず好き勝手に生きてきた人間に、高齢で働けず金がないと申請してきて何の懲罰もなく保護を認めるのは納得いかない。社会奉仕などなにか社会に還元させるようなことを強制的にさせるべきだと思う」

「適正だと思う。真に保護すべきはすべき。惰民《だみん》を作らない。一方的なマスコミ報道に影響されるべきではない」


しつこいようだが、これは、まさに水際作戦によって1人の男性が餓死に追い込まれた、その直後に、当の自治体職員に対し実施されたアンケートである。ここには、困窮者に対する強烈な蔑視と、自分は1人の人間の人生も統制する権限を持っていると信じる無邪気な傲慢《ごうまん》さがにじみ出ている。

本来、命を現場で守ることができるのは、大きな裁量を持つケースワーカーしかいない。不合理な「適正化」政策も、実際に実行するかどうかは末端の職員にゆだねられる。だが、彼らは「適正化」政策の圧力に歯止めをかけることをしなかった。それどころか、本来の制度目的を実現し、制度を構築すべき「当事者」が、むしろ加担者となり、実際の制度運用すらも捻じ曲げられていくのである。

もちろん、こうした問題の根本には適正化政策や、それを促進しようとする国がある。だが、それを実行するのは、あくまでも末端の職員であり、彼らの知識不足や差別意識が、問題をさらに深刻にしているのも、事実なのである。

ここまでみてきた数々の異法・逸脱行為の全体を貫いているのは、本来、個々人の状況に合わせて、必要な支援を遂行するという「ケースワーク」の欠如である。そもそも、生活保護法は、多様な生活困窮者の生活課題に柔軟に対応し、自立を支えるために、ケースワーカーに広範な裁量を与えている。いわば、ケースワークを前提とした制度設計がなされているのだ。しかし、実際には、被保護者を機械的に扱い、時に恫喝《どうかつ》するような対応さえまかり通っている。そして、生活保護制度の機能不全は、第2章で見たように貧困ゆえの死をも生み出している。

第一の要因が予算削減であり、これが規定要因だとしても、第二の問題として、「制度の実施主体」としてのケースワーカー（及びその組織編成のあり方）にも、独自の問題があると考えるべきなのだ。

ただし、ケースワーカーの中には、予算削減圧力の現場で奮闘し、適切な制度運営を懸命に行っている方も少なくないことには、十分に留意しておく必要がある。本書で指摘したかったことは、あくまでも、違法行政を助長しているその「構図」なのである。

第4章

# 違法行政が生保費を増大させる

違法行政は、本来の生活保護制度のあり方を捻じ曲げている。こうした現象は、ただ「違法だ」というだけではなく、制度そのものを機能不全にし、日本社会全体にとっての弊害を生み出している。

第一に、制度からの逸脱は、日本社会全体を「貧困化」し、生活保護費そのものを増大させる。その構図は、「生保費の削減→逸脱的運用・追い出し→貧困化→貧困への閉じ込め」である。

要するに、生活保護の目的がただ「経費の削減」になることで、本来の「貧困の防止」が達成されず、日本社会の中に貧困層を生み出してしまい、かえって日本社会の安全や生産性を掘り崩していくということだ。

第二に、違法行政は、違法な劣悪労働へと生活困窮者を駆り立てる。どんなに貧困でも働くしか生きる術がない、という状態が、心身を破壊するような劣悪な労働を温存し、ブラック企業を栄えさせるという構図である。意外に思われるかもしれないが、生活保護問題は「労働問題」と密接にかかわっている。再三にわたって登場する「自立」とは、現実的には「働くこと」と無関係ではないからだ。

まずは、第一の弊害、すなわち、この「貧困化」を見ていこう。

## 1　第一の弊害――貧困化

これまで見てきたように、生保を受給するためには、自らが真正な貧困者であることの証明が要求される。実際の行政の審査を通過するためには、車や持ち家の処分、蓄えがあればそれすら処分し、丸裸になる必要がある。

こうしたなかで、生活保護バッシングはさらなる貧困の「真正さ」を要求している。自民党議員の生活保護に関する様々な発言――片山さつき議員の「生活保護は社会保障ではない」や、世耕《せこ》弘成《ひろしげ》議員の生活保護受給者には「フルスペックの人権」を認めるべきではない――も、まさにこういう文脈にある。つまり、生活保護の対象者は、普通の生活をしていてはいけない。誰から見ても「貧困者」とわかる相貌《そうぼう》でなければならないという要求。うつ病にかかっていて働けなくても、収入がなくとも、「普通に見える」限りは生保の対象としてはいけないというのだ。

だが、目に見える貧困化が進むことで、当人の生活や健康状態、精神状態は荒廃していき、就労や社会参加は遠のく。全国6万人以上の医療関係者で組織される「民主医療機関連合会」が行った調査によると、生活保護受給者のうち、地域行事に「まったく参加しない」「あまり参加しない」人はおよそ8割、冠婚葬祭では約7割だった。交際費については、「なし」と「月額1000円以下」が半数を占めた。

ある社会学者の言葉を借りれば、バッシングが受給者に要求しているのは、「家族全員が難民キャンプで生活する」ような状態であり、社会生活への復帰を阻む生活水準だ。「真正な貧困者であれ」という要請に応えようとすれば、金銭面だけではなく、生活習慣や社会の関係性までも破壊してしまう。

たとえば、車を処分すれば、通勤できる（求職できる）範囲は狭くなってしまう。家を処分すれば、今度は家賃が払えなければホームレスになるリスクが高まる。何らかの疾患を抱えていれば、「貧困化」の証明をしているうちに、決定的に病状が悪化するまで放置されてしまう。家を失い、重度の病気を抱えるようになれば、もう「元の生活」には戻れないだろう。

こうして生活保護の対象の徹底的な限定は、ただ貧困を増大させ、固定化させる。すなわち、貧困であることの証明のために、貧困化していく。

図表23　当初振り込まれた義援金などの金額（単身世帯の場合）

| | 義援金 | 被災者生活再建支援金 | 計 |
|---|---|---|---|
| 全壊 | 50万円 | 75万円 | 125万円 |
| 大規模半壊 | 25万円 | 37万5000円 | 62万5000円 |
| 半壊 | 25万円 | | 25万円 |

「貧困化」とは、福祉の不在によって、単に生活困窮状態に陥るだけではなく、当人の生活環境、健康状態、周囲との関係など、「自立」するための条件そのものが掘り崩されてくるような事態を表すものとして、私の作り出した言葉である。

## †東日本大震災と「貧困化」

こうした「貧困化」の弊害がもっとも端的に現れたのが、２０１１年に起こった東日本大震災であった。大震災による空前の被害に対し、全国から多額の義援金が寄せられた。それらは、被害の程度に応じて被災者に手渡されることとなった。

当初、単身世帯単位で半壊・大規模半壊の場合は25万円、全壊の場合は50万円の義援金と、被災者生活再建支援金として大規模半壊は37万５００0円、全壊の場合は75万円（図表23）。家族を亡くした場合には、亡くなった方が生計を担っていた場合には５００万円、それ以外の場合には２５0万円が支給された。

また、東日本大震災は「原発震災」としての側面も有していた。原発事故の放射能汚染によって避難を余儀なくされた被災者には、東京電力から補償金が支払われることとなった。東京電力は、原発事故による損害を「原子力損害賠償制度の枠組みの中で補償していく」とした。しかし補償の対象や損害の範囲、金額の算定などに時間がかかるため、「仮払い」として、福島第一原発から半径30キロ圏内の住民で避難や屋内退避している人を対象に100万円（単身世帯は75万円）を支払ったのである。

図表24　義援金・仮払補償金等による保護停廃止数の状況（青森、岩手、宮城、福島、茨城）

| | 義援金 |
|---|---|
| 停止 | 5県全体で15件 |
| 廃止 | 全体で116件 |

＊日弁連「東日本大震災の被災5県における義援金・仮払補償金と生活保護制度の運用に関する照会」より作成

これらの義援金を寄付した人々は、被災者の「生活再建」のためになると思って支払ったことだろう。また、東京電力の「補償金」も、当然従来の生活を奪い去ったことへの償《つぐな》いであるから、生活再建を保障するものであるべきだ。

しかし、被災者は従来の生活が根本から破壊されており、すぐには自活ができない。自営業を営んでいた人は、仕事ができないうえに、避難に費用がかかる。地元の職場に勤めていた人も、職を失った。一家の大黒柱を失った人たちは、一から仕事を探さなければならなかった。

そうしたなかで、生活保護に頼らざるを得ない被災者は大勢いたのである。ところが、生保を受給するためには義援金や東電からの補償金の処分が要求された。生活再建のためのそれらの資金をすべて「消費」しつくし、「真正な貧困状態」にあることの証明なしには、被災者も保護されなかった。もともと生活保護を利用していた人たちも、義援金などの受給を理由に、生活保護を打ち切られた（図表24）。

こうして、彼らは避難所や仮設住宅で、自らの蓄えを使い果たしていった。そして、新しい家を建てるための準備資金も、新しい仕事を見つけるための資金も、何もかもを手放して、ようやく「保護」され得るところとなった。

生活保護を受給するために、生活再建の基盤を破壊してしまうという、転倒した状況が生じていたのである。

## 2　第二の弊害――転落

第二に、違法行政や生活保護バッシングの結果、生活保護を受けずに、違法な劣悪労働に従事する事例も見られる。特に、若者の「貧困化」は若い世代から心身を破壊していくという点で、不合理さが際立っている。

第1章で見たように、受給者の多くは高齢者である。従来は、健康でさえあれば、若者が仕事に困ることも相対的に少なかった。

ところが、現在では要保護状態へと転落する若者が、わずかではあるが増加傾向にある。若年労働市場の状況が急激に悪化するとともに、親世帯の雇用の不安定化や収入の減少が、若年世帯の生活をも不安定にしているからだ。第1章の図表5でも、「その他の世帯」の増大を、厚労省は強調している。

だが、中高年に比べて、若者の生活保護への「忌《き》避《ひ》感情」は強い。私たちの世代は、学校教育やメディアを通じて徹底的に「自己責任」を教えこまれて育ってきた。社会運動も衰退し、権利意識の土壌が少ない世代でもある。

そして、社会からは「若いのに」という目線で中高年よりも保護受給を批判的にみられる。もちろん、窓口でより厳しく扱われる。だから、若者は、ともすれば中高年以上に生活保護の受給を避けようとする。

その結果どうなるか。多くの若者はネットカフェやビデオ店、ファミリーレストランや車上にとどまって、何とか生保への「転落」を防ごうとする。一時期問題となった、いわゆる「ネットカフェ難民」である。

彼らは一見するとごく「普通」に見える。だが、ネットカフェやファミリーレストランに居住するうちに、普通の生活感覚は失われ、健康を損なっていく。もちろん定職になどつけないから、日雇いのアルバイトを続ける。ひとたび風邪のような些細な病気にかかれば資金は底を突き、場合によってはそのまま路上で重篤化する。

当然、住所を失い、「普通の仕事」への回路は遮断させながら、日雇いのアルバイトを続ける。この場合にも、正に、生保への「転落」を防ごうとして、いっそう貧困へと落ち込んでいくのだ。

実際、先ほどの厚労省による「増加」の強調には無理があるし、むしろ数値的に見ても、保護されにくいことが問題なのである。

## †労働からの生保への「転落」——人間破壊的労働

だが、このように書いても、「若者が甘えている」と思われるだろう。そこで、若者が貧困状態へと転落するようになった要因を、少し詳しく見ていこう。

私はこれまで1500件以上の労働相談にかかわってきたが、最近の労働相談の傾向は、正規・非正規を問わず就労の継続が困難になっているということにつきる。

すでに、若者の3分の1が非正規雇用となっており、これらの人々は低賃金のうえに、いつ首を切られるかもわからない不安定就労。もし、突然解雇されてしまったら、蓄えもないために、すぐに住居喪失となる。その状態で生活保護を受給しないですまそうと思ったら、「ネットカフェ難民」になるしかない。生活保護予備軍だといってよい。

だが、実は若年労働の問題は非正規雇用にとどまらない。正社員の場合にも、若者は企業による選別、使い捨て、職場の崩壊によって実際には長期間働き続けることが難しくなっている。最近では「ブラック企業」と呼ばれる、大学新卒をはじめとした若年正社員を使い捨てる企業の存在が社会問題となっている（「ブラック企業」については、拙著『ブラック企業』〔文春新書、2012年〕を参照）。

## †ブラック企業

「ブラック企業」とは、若者を大量に採用し、使いつぶすことで利益を上げる会社のことを指している。主にITエンジニアの間でスラング（俗語）として広がり、ここ数年は就職活動中の学生の間で急速に普及してきた言葉だ。

もともとＩＴ業界は「35歳定年」などと言われており、超過酷な労働環境が知られている。ブラック企業では、長時間労働やパワーハラスメントが横行し、入社数年で半数以上の新入社員が辞めていく会社もざらである。

ブラック企業が大量に若者を採用し、大量に離職させる理由は、二つに分類できる。「選別」と「使い捨て」である。

## ①「選別型」

まず、①「選別型」の自己都合退職には、会社は大量に採用したうえで、「使える者」だけを残して、残りの者に自己都合退職を強要する。たとえば、ある１０００人規模のＩＴ企業では、毎年２００人採用し、１年で半分以上を退職に追い込む。毎年大量に採用するので、解雇を合法的に行うことは絶対にできない。だから、解雇ではなく、自己都合で退職するように、強要するのだ。

そのために、いじめ、いやがらせなどのハラスメント行為が横行する。たとえば、「辞めさせる」ことが決まっている社員は、研修で何をしても全否定され、だんだんと何が正しく、何を努力すればよいのかわからなくなる。

あるいは、「カウンセリング」と称して、ハラスメントが行われることもある。たとえば、業績の上がらない理由を本人の適性、育った環境、これまでの「怠惰な人生」などを反芻《はんすう》させながら考察させる。

これによって、仕事で起きている「問題」を解決不能の自分自身の本質的な問題だと「認識」させていくのだ。たとえば、「お前は子どものころから怠けていた」「親に甘やかされて育った」「他人に対して感謝の気持ちがない」などから、仕事で成果がでないのだ、という具合である。本人は自分がしだいに雇用されるに値しない無能な存在だと「認識」していく。

さらにエスカレートすると、「お前は根性が足りないから、町でナンパをして来い」「仕事の意味がわかっていないから、ホームレスに話を聞いてこい」、揚句《あげく》は「ジャージを着て出勤しろ」などと命令し、追い込まれていく。それが続くと簡単に、精神疾患を引き起こしてしまうことになる。こうした「選別」にさらされた若者からの相談は、うつ病に罹患した状態で、「自分が悪い」といっていた。そして、「自己都合退職だと雇用保険がもらえないと聞いた」という相談なのである。

また、正社員として入社後にも「予選がある」「おまえは試用期間だからいつでも解雇できる」などといって脅し、長時間残業を強いるケースも多々見られる。このため、近年では若年の過労死・過労自殺が増加傾向にもある。

以上のように、ブラック企業は若者を「選別」するために、パワーハラスメントや長時間過重労働を課す。正社員として採用されていても、実は地位は保証されず、不要と判断されれば「いつでも首にする」ということなのである。

## ②「使い捨て型」

次に、②「使い捨て型」は仕事のきつさだけではなく、待遇が将来にわたって改善されず、同僚や先輩社員もつぎつぎと会社を去っていくような場合である。こうした企業では「固定残業代」という違法すれすれの労務管理が広がっている。日本海庄やの事例がこの典型だ。裁判資料などによると、同社では入社したばかりの社員が過労死する事件が起きている。

募集の段階では、「基本給20万円」などとしておきながら、実は「80時間分の残業代を含む」などと、内定や本採用段階、ひどい場合には入社後にはじめて明らかになる。採用後に労働条件を変更することは、当然許されないが、内定や本採用の段階で「同意」してしまうと、法的には争うことが難しい。

　また、サービス残業や休日出勤の強要などの事例も多々見られるが、そこで働く若者は「せっかく得た正社員の職」であるために、これを引き受けている。しかし、労働相談では、「こんな企業にしか入れなかった自分が悪いと思う」とか、「他の人はがんばっているから、自分も甘い」などと考えているのが一般的である。どこまでが「社会人としての義務」なのかに苦しみ、どれだけ努力しても先が見えない労働をただ耐え忍ぶのである。

　こうした企業では、低賃金・長時間労働が常態となっている。20代でありながら、過労死してしまったり、慢性的にうつ病疾患で退職していく若者が後を絶たない。

　使い捨ての特徴とは、ただ過酷なだけではなく、たった数年間で体力をすっかり消尽し、退職していくことを「織り込んで」労務管理を行っていることだ。はじめから、長期間継続的に雇うことを想定せずに酷使し、あたかも摩耗《まもう》した部品を交換するように、新しい若者に取り換える。

## †広がるブラック企業

企業からすれば、働きたい若者は労働市場にあふれかえっている以上、選別や使い捨ては合理的な経営戦略の一部である。労働市場の飽和によって若い社員の扱いは雑になる。仕事を教えたり、将来の展望を丁寧に与えるということはしない。その瞬間に利益が最大になるような活用の仕方が追求される。時には社内のいじめさえも、特段注意を払う出来事ではなくなってしまっている。

こうしたブラック企業は成長企業に多い。業界としては、IT、小売り、飲食、介護が典型的だが、これらはすべて成長産業で、大量に若者を採用している。雇用全体からみるとブラック企業のシェアがそれほど大きいわけではない。だが、新卒や若者の労働市場での存在感は大きい。

若者を大量に採用して使いつぶすがゆえに、若年市場の中では、ブラック企業が大きくなってくるのである。そして、上の世代からは、こうした新興産業で働く若者の実態はほとんど見えてこない。だから、労働組合もこの状態を半ば放置している。

こうしたブラック企業の発生の背景には、若者が就職できず、大量に労働市場に「余っている」ことがある。今や若者は、ブラック企業にとっては、大切に育てる対象ではなく、代わりのきく「部品」のような存在になっている。いわば「新卒の価値低下」が生じているのである。

彼らは若者がうつ病になるまで働かせても、あとは「自己都合退職」に追い込み、また代わりの若者を雇うだけである。

こうして、今では若年者のうつ病の広がりが社会問題となってきており、この点については厚生労働省も危機感を持っている。

## †非正規雇用の変化

一方非正規雇用の場合には、従来から雇用の不安定性が指摘されてきた。「使い捨て」はずっと非正規雇用労働者が社会に訴えるスローガンだった。ところが、最近の非正規雇用の相談傾向は、ただ辞めさせられるだけではない。業務そのものが過酷になり、耐えられなくて自ら辞めてしまうのだ。特に若者においては、トライアル雇用が全般化することで、非正規雇用そのものの意義が変化しつつある。

トライアル雇用とは、企業が一定期間若者を「試用」してみることに行政が補助金をつけるというものである。その際、特段の監視や規制はなく、期間が過ぎた後に採用するもしないも、企業の完全な自由である。だが、トライアルで働く若者の方は、正社員を目指して過酷な競争を強いられる。

このように、従来の学生や主婦が主体のアルバイトなどとは異なり、フルタイム型の非正規が若者に広がり、「正社員予備軍」としての性質を強めるようになった。家計自立型の非正規雇用、とりわけ契約社員や派遣社員の増加がこの背景にある。両者とも、試用期間としての有期雇用や紹介予定派遣にみられるように、「正社員予備軍」としての位置づけが明瞭に現れている。こうして、非正社員もサービス残業を強要されたり、ノルマを課されるなど、労働の過酷さの面ではブラック企業の社員と変わらないという傾向を帯びるようになった。不安定な過重労働。これでは心身ともに続かなくなってしまう。「人間破壊的労働」は、結果として、不健康な若者、そして貧困層を大量に生み出していく。

## 3 「貧困のサイクル」が人を破壊する

これら若年労働者の市場での価値低下や非正規雇用問題の変化は、若年労働者を「生活保護予備軍」に加えている。私自身の相談経験の中でも、若者に生活保護を勧めざるを得なかったことがある。

新卒正社員となり、すぐに選別や使い捨ての対象となった場合、うつ病を患ったままに自己都合退職をしてしまう。こうなると、雇用保険の受給も難しい。そのうえ、多額の奨学金（借金）を背負っている場合もかなりの割合に上がる。奨学金の支払い請求は解雇された後も苛烈《かれつ》に行われる。返済が滞れば、速やかに金融機関の「ブラックリスト」に登録され、生涯、ローンを組んだりカードを作るときについてまわる。

こうした新卒からの相談の場合、もしも両親に彼／彼女を支えるだけの資力がない場合、もはや生活保護以外に使える手段はない。実際に、若者からの生活保護申請の相談のほとんどの場合、就労中にハラスメントや過重労働によるうつ病罹患が申請の理由となっている。若年労働者が生活保護へと「転落」する構図は、ほとんどが「うつ病罹患→働けない→生保申請」というルートに整理できるのである。相談事例をいくつか見てみよう。


---

若い女性からの相談。出勤前にパニック発作を起こした。かかりつけの病院で、職場でのストレスが原因のパニック障害とうつを併発した「社会不安障害」だと診断を受けた。しばらくは、仕事の事を考えるだけで震えたり、息苦しさを覚えたりして、休職し

ていた。しかし、一家4人のほぼすべての家計のために働いていたため、収入がなくなり、生活保護を申請した。

公立高校に採用されたが、パワーハラスメントでうつ病になった。1年間休職をしたことを理由に解雇された。現在は生活保護を受給している。うつ病で働いていなかったため、再就職できないかもしれない。生きていても意味がない。

若い男性からの相談。正社員で働いていたが、上司からのパワーハラスメントでうつ病にかかった。その後はアルバイトで生計を立てていたが、うつ病が悪化し、担当医より「仕事を離れ治療に専念するように」と伝えられ、アルバイトを退職した。このままでは生活できなくなるので、生活保護を受けたい。

労働の現場でうつ病と自己都合退職にまで追いつめることで、精神疾患へといたらせ、再就職すら困難にする。これらは、いわば、「人間破壊的労働」である。だが、もしも労働の段階での適切な対処があったならば、このような「転落」は起こらないだろう。あるいは、すぐに生活保護への「脱出」が可能であったならば、そこまで精神が徹底的に破壊されることからは免れることができる。生活保護への「転落」の難しさが、先のない労働へと若者を縛りつけるのだ。

## †貧困のサイクル

しかし、このような状況でも若者が保護を受け取ることは難しい。そして、逆説的にも、（バッシングのために）保護を忌避することで、ますます精神疾患からの回復や就労は難しくなる。さきほどの「ネットカフェ難民」状態は、まさにそれである。

病院にかかれずに病状は悪化し、生活は荒廃していく。労働のモチベーションも朽ち果てていくだろう。生活保護への「転落」の難しさは、若者を過酷な労働へ縛りつけると同時に、それ自体が「貧困化」の効果をもっているのである。

本来は、生活保護制度は図表25のように、生活の危機を早期に除去する制度となりえる。ところが、生活保護を「目に見える貧者」に限定することによって、本当は一時的なはずの失業や病気といった問題を抱える若者を、貧困のなかに囲い込んでいく。保護を求めれば貧困であることの証明が必要であり、生保に陥りたくなければ、貧困の世界のなかに

図表25　本来の生活保護制度

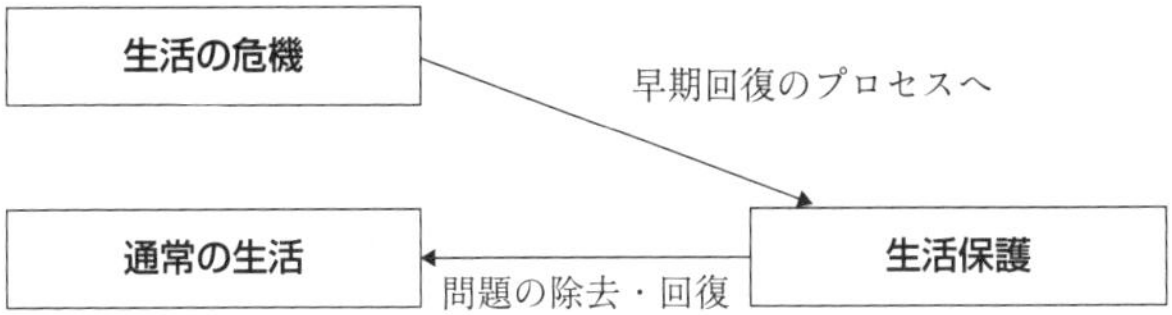


図表26「貧困のサイクル」

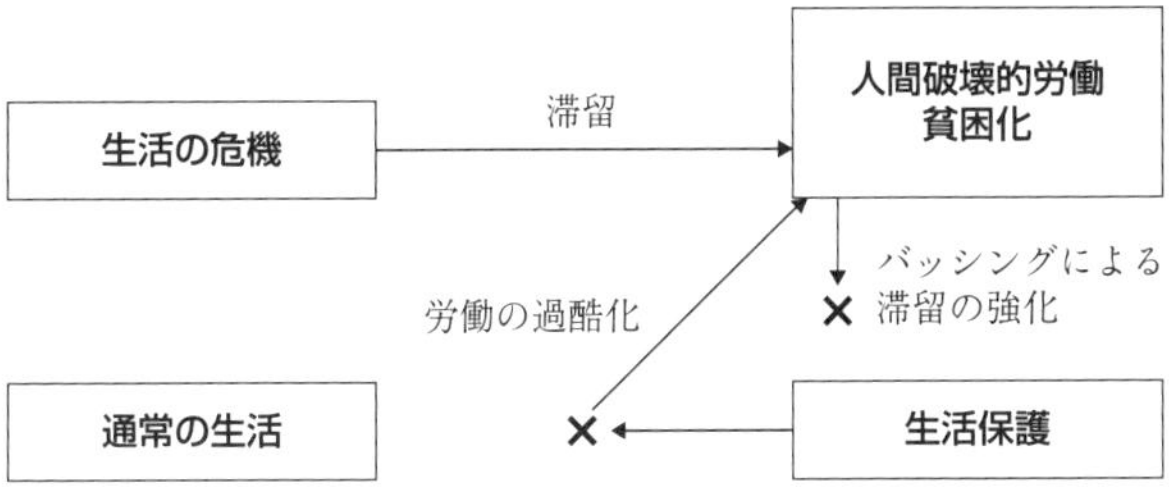


とどまり続けざるを得ない。

　生活保護からの排除こそが貧困を巨大化し、かつ固定化する作用を持っている。そして、図表26のように、バッシングはこの隘路《あいろ》をさらに行き場のないものに固定していく効果しかもたない。

　これは、いわば「貧困のサイクル」と表現できる構図である。「貧困のサイクル」は、ただお金を持っていない人を増やす、ということが問題なのではない。繰り返しになるが、このサイクルを通じた、実質的な人間の破壊によって、貧困層が形成されることが問題の本質である。

　彼らは通常の生活から疎外され、日雇いなど不安定な労働を繰り返し、ファストフード店での食事や宿泊を継続する。こうして継続して働く習慣やモチベーションが減退し、さらには健康を害し、社会生活をも困難にするのである。貧困のサイクルは人間を摩耗《まもう》・変質させ、社会の実質的な力そのものを減退させていくのだ。これは、ただの金銭勘定以上の、重大な社会問題なのである。

## ✝生活保護行政の「費用」の問題

以上のように、生活保護の水際作戦や、その後のケースワーカーのハラスメント行為によって、健全に生活保護が運営されない結果、「人間破壊的労働」と「貧困化」が促進される。

これに加え、生活保護行政の「逸脱」は単純計算の費用の面でも非常に不効率である。大阪市では、2011年度の不正受給総額は17億4800万円である一方で、13年度の適正化事業の事業予算の総額は25億円に上っている。そのなかには、就職促進のための費用など、合理的なものもあるが、「本人確認カード」の発行や、調査強化のための担当職員の配置、年金の点検のために8000万円、さらに天王寺区でも問題になった「適正化チーム」のための費用も1億円以上に上る（図表27）。

図表27　大阪市不正受給対策の費用と不正受給額

| | 金額 | 使途例 |
|---|---|---|
| 適正化事業の事業予算（2013年度） | 25億円 | ・「本人確認カード」の発行<br>・調査強化のための担当職員の配置<br>・年金の点検（8000万円）<br>・「適正化チーム」（1億円以上） |
| 不正受給金額（2011年度） | 17億4800万円 | |

　また、無料低額宿泊所など貧困ビジネスに流れる費用も、無駄である。健全な宿泊施設であれば（第5章参照）、自立を促すためのさまざまなプログラムが提供されるが、彼らの多くはケアを通じて自立を促すのではなく、ただ費用負担を強いるだけである。これは一例だが、プレハブ製の建物の「個室」はおよそ3畳、入口はアコーディオンカーテン、隣室と自室を遮《さえぎ》る壁は薄いベニヤ板というつくりだ。室内には南京虫《なんきんむし》が湧いている使い古された布団があるだけ。1日2食の食事はおにぎりやパンなどの粗末な食事が提供されるだけだ。このような劣悪な環境での生活を強いられたうえに、外出が制限され、就職活動もままならない。

　それらの費用は、生活保護費の中から支出される。本来であれば、それらをもとに「自立」が促進されたり、受給者本人の生活が向上することが期待されているお金である。しかも貧困ビジネスは、彼らの社会復帰を阻害することで、費用負担以上の金銭的弊害を、私たちに押しつけているのである。

また、もし就労が難しい高齢者であっても、生活や健康状態が安定していれば、孫の面倒などが見られるかもしれない。あるいは、地域活動に参加したり、ボランティア活動などへ参加し、地域の活性化につながるかもしれない。貧困ビジネスに囲い込まれることで、こうした可能性が一切剝奪され、地域の中で循環するはずの生活保護費は、貧困ビジネスの運営者に吸い取られていくことになる。

そしてもちろん、病状が悪化するまで囲い込まれることになれば、その後医療が受けられたとしても、完治しないだろうし、場合によっては医療の高額化の原因になりうるだろう。

### †低コストの福祉とは「普遍主義」

これら監視のための費用と、貧困ビジネスへの行政の丸投げは、両方とも費用の削減のために行われている。

監視の方はわかりやすいが、貧困ビジネスの場合にも、要は行政が監理するよりも、安上がりなのだ。実際に、本来であればケースワーカーが家庭訪問や面接を通じて直接把握されるべき受給者の状況を、施設の職員からのヒアリングだけで済ませてしまうこともあるという。30世帯を1世帯ごとに回って丁寧に状況を把握するよりも、30世帯が一つの施設（それがどんなに劣悪であったとしても）に収容されていた方が、「効率的」に業務を行うことができてしまう。劣悪な施設に閉じ込めておけば、低コストで監視できるというわけだ。

だが、こうした保護の対象者の絞り込みにかける費用、そして、保護開始後の監視にかける費用は、貧困の防止と自立の促進という制度本来の趣旨からすると、すべて「無駄」である。

対象を選別しようとするから、こうした「選別の費用」が生じるのだ。だから、もっとも低コストの福祉制度とは、一律の明快な基準で、誰も差別せずに福祉を給付することなのである。

たとえば、一定以下の収入の場合には、医療や教育を無料にする。これだけで、「貧困化」は大幅に防ぐことができるし、これらを「監視」するための費用などほとんどかからないで済む。住民票と昨年の課税記録を持って役所に申請に行くだけでよい。役所はそれを見て、合致していれば医療や教育を無料にする認定を行う。

すべてを失った「特別な人」だけを保護対象とするのではなく、資産があったとしても、普通の生活を送っていたとしても、収入が減少したり、喪失した場合には、生活の最低限のインフラは国家が保障しましょうということだ。

こうした福祉の原理を、「普遍主義」という。誰か特別な貧困者を取り出して「この人は無能なので保護しましょう」と、「特別のカテゴリー」を探索するのではなく、一律に、一定の要件の下に福祉を提供する。そのほうが、費用が安く済むし、社会の安定度も格段に増す。

もちろん、日本の生活保護にも、「この水準以下」という基準はある。よくいう「生活保護基準」である。ところが、日本の生活保護は、実際にはすでに見たように、「すべてを失って」はじめて利用できる状態。しかも、実質的にはケースワーカーによって収入基準以外の必要性が審査される。その際、彼らの裁量は非常に大きく、審査のために、無駄な費用が次々と付け足されていくのである。

## †直接的費用以外の不経済

さらに、「貧困化」の代償は、ただの金銭的な不効率にとどまらない。若者が次々とうつ病から貧困へと進んでしまうと、まず、健全な労働力の確保が難しくなる。戦後の日本経済の活況を支えたのは、農村からの優秀で、健康な労働力の大量の確保であった。

日本の労働者は、たとえ中卒や高卒であっても、押しなべて教育水準が高く、勤労意欲も高かった。だからこそ、高度成長が可能であったのだ。だが、現在のように若者がうつ病になるまで使いつぶされ（人間破壊的労働）、そのうえ、福祉が必要になった状態でも酷使され、病状などを悪化させていく（貧困化）状態では、人材が枯渇《こかつ》していく。

ましてや少子化が叫ばれ、経済では新事業の開拓（イノベーション）を担う、「創造的人材（イノベーティブな人材）」が求められる時代である。若者が人間破壊的労働と貧困化の餌食《えじき》になっているようでは、次の発展など期待できないだろう。

たとえば、フランスでは親が国家公務員であろうとも、そしてその親と同居していようとも、低収入であれば、福祉から月に10万円ほどの給付を受けることができる。社会へ参画する最低限の給付である。

それをもとにして、仕事が見つかるまでの間、ボランティア活動に参加したり、創造性のある日常生活を送る。そして、就職の機会があれば、それらの経験と活力をそのままに、労働社会に参入していくことができる。こうした循環は、次のフランス経済の活力になるだろう。日本の「貧困のサイクル」とは大違いである。

## †治安・社会の安定

　また、最近日本では若者の犯罪集団が珍しくはなくなっている。「おれおれ詐欺」は有名だ。以前NHKで詐欺集団の実態を報道していたが、きちんとしたオフィスビルに数十人から100人近い若者があつまる。ホワイトボードには実績のグラフが記され、ノルマを競う。そうした集団が膨大にあり、かなりの人口が犯罪に組織的に従事している。

　なぜ若者がそんなところに集まるのか。取材では、お金がないことに加え、「仕事感覚」でできるから、とされていた。

　茨城県では、「生活保護を受けるのは恥ずかしい」として、犯罪に及んだ事件も報道されている。被告人は、2006年から2013年まで、約560件（被害総額約1100万円）、車上荒らしを繰り返し、現金などを盗んだとされる。「生活費のために盗んだ」と供述しており、質素な生活を送っていて、生活費が厳しくなるたびに、犯行に及んでいたとみられているという。

　生活保護よりもこうした犯罪的ビジネスやインフォーマル経済（闇経済）のほうが、社会的な評価が高いとするならば、日本の治安は低下し、海外からの投資など経済活動は停滞し、市民生活は不自由を強いられる。さらには、スラムの形成なども促進されてしまうだろう。こうした負の経済効果は計り知れない。

こうした事態を防止する社会保障政策は、実はもっとも「経済的」なのである。経済を円滑に発展させるためにも、社会保障制度は不可欠である。これは、産業社会を研究する者にとっては常識であり、生活保護をバッシングしたり、粗暴に社会保障を切り下げる議論はまったく非生産的である。犯罪に身をやつしたり、インフォーマルな産業が形成されるよりも、「気楽に」保護を受けられる社会のほうが健全である。

さらに、もしこれを警察の強化によって防止しようということになると、その費用がまた膨大だということも考えておく必要がある。警察の人件費、組織維持費、天下り先の確保など、青天井に費用が増大する。また、警察が大々的にインフォーマル経済を取り締まることで、経済活動への介入・監査が増大し、効率が損なわれることも考えられよう。これに加え、市民生活への介入も増大することで、そうした費用・時間・ストレスなど負の効果が激増する。

## †「社会の底が抜ける」状態

以上のように、生活保護行政は、費用を減らそうとして、制度を逸脱した監視や貧困ビジネスによって、かえって費用を増大させてきた。そして、制度の逸脱は、労働条件や、貧困状態の「下限」を底抜けにしてしまった。

今、日本人の「コスト意識」は、際立って近視眼的なものになっているように思う。この瞬間、病気の人を生活保護から追い出したり、無理な労働条件でも働くことを若者に強要しても、その結果、日本社会全体を劣化させてしまう。

コスト意識からの行動のはずが、「高コスト」を自ら招いてしまっている。さまざまな資源を若者や貧困者から剥奪すると、結局は社会の活力を低下させることになる。病人が増え、労働モチベーションが減退すれば、そもそも経済的な力そのものが減少するのである。

そして、さらには少子化や犯罪の増加にまで拍車をかける。こうなっては、投資も減るし、よい商品開発もできない。

日本のアニメ産業を思い浮かべてほしい。日本のアニメーターのイメージといえば、超低賃金の過酷労働である。世界をリードしてきた技術も、次第に他国に奪われつつあるという。「クールジャパン」も、健全な社会の上にしか成り立たない。現実の人間を無視しては、本当の文化産業の育成など、到底不可能だ。

人間破壊的労働と貧困化の国に、新しいコンテンツや芸術を開発し、世界に売り込んでいくことなどできない。国民の生活水準が上がらなければ、創造性のある商品開発などできないし、デフレを脱却することもできない。このままでは、日本沈没は止まらないだろう。

第5章

# 生活保護問題の構造と対策

## 1　こうした状況がなぜ生じるのか

前章までは、生活保護の逸脱の実態と、それが社会全体に与える弊害についてみてきた。本章では、こうした状況がなぜ生じてしまうのか、そして、この状況を変えていくためにはどうすればよいのかを考えていきたい。

### †生保が「優遇」に見えてしまう

ここまでみてきたように、生活保護バッシングは「貧困のサイクル」を強化し、日本社会の不合理を拡大するだけだ。では、なぜ無意味な「貧困のサイクル」を強化するだけのはずの、「生活保護バッシング」は支持されるのだろうか。

その根源は、日本の社会政策の構図にある。日本の労働市場においては、「生活保護基準＜年金・雇用保険の支給水準＜最低賃金」という、福祉国家においては一般的な関係が成立していない。つまり、働いていても、生活保護よりも低い水準の賃金しか得られないということは、珍しいことではない（図表28〜29）。

また、年金や雇用保険を受給していても、生活保護基準に達しないことも珍しくはない。年金や雇用保険、最低賃金よりも生活保護の水準のほうが高いことがしばしばあるとすれば、反発は必至だ。生活保護バッシングの背景には、こうした日本独特の社会構造がある。

もちろん、だからといって生活保護の水準をこれ以上引き下げればよいという話ではない（2013年6月国会で、引き下げは決まってしまったが）。これ以上生保の水準を引き下げれば、生活できずに死んでしまう恐れがある。

**図表28　福祉国家における賃金と社会保障の関係**

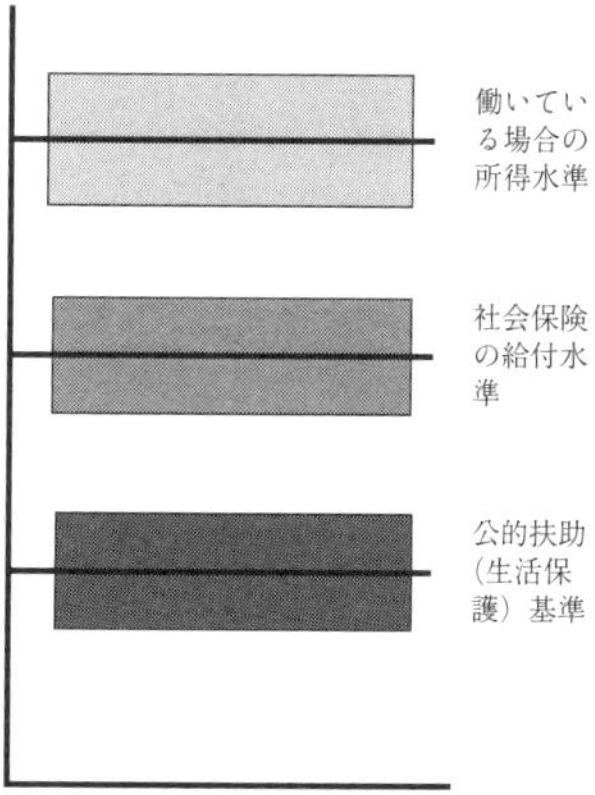


**図表29　日本における賃金と社会保障の関係**

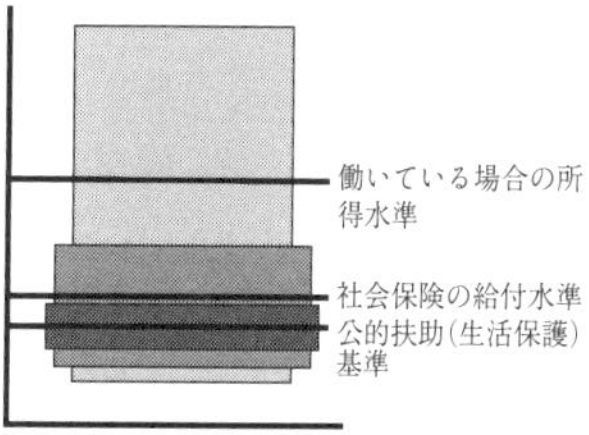


**生活保護基準を下回る賃金と社会保険給付が存在している**

出典：唐鎌直義編（2008）『どうする！あなたの社会保障④　生活保護』旬報社

さらにいえば、異常に低い水準の生活保護では、就職活動もまともに行うことができず、結局は貧困状態に滞留させてしまうだろう。これは、すでに述べたとおりだ。

## †企業中心の福祉社会

そもそも、生活保護以外の日本社会保障は異様なまでに脆弱である。欧米に比べ、住居・医療・雇用保険・教育などの費用の個人負担が非常に大きいのだ。たとえば、イギリスでは原則として医療費はすべて税でまかなわれ、窓口での負担はゼロである。

また、雇用保険（失業給付）については、各国とも1〜2年以上の給付がふつうである。日本の場合には、若者であれば3カ月間しか受給できない。教育に関しても大学にかかる学費は世界トップクラスである。そのうえ、OECD（経済協力開発機構）諸国で給付型の奨学金制度が唯一整備されていないのが日本で、「国際比較」の埒外《らちがい》に置かれている（図表30）。

今日、日本で「奨学金」と呼ばれているもののほとんどが、有利子の「借金」にすぎず、無利子の場合でも、返済期限がついていることに変わりはない。さらに、公営住宅などはもともと乏《とぼ》しかったうえに、家賃は通常の賃貸の水準に近づけている。

**図表30　各国の高等教育費の負担割合**

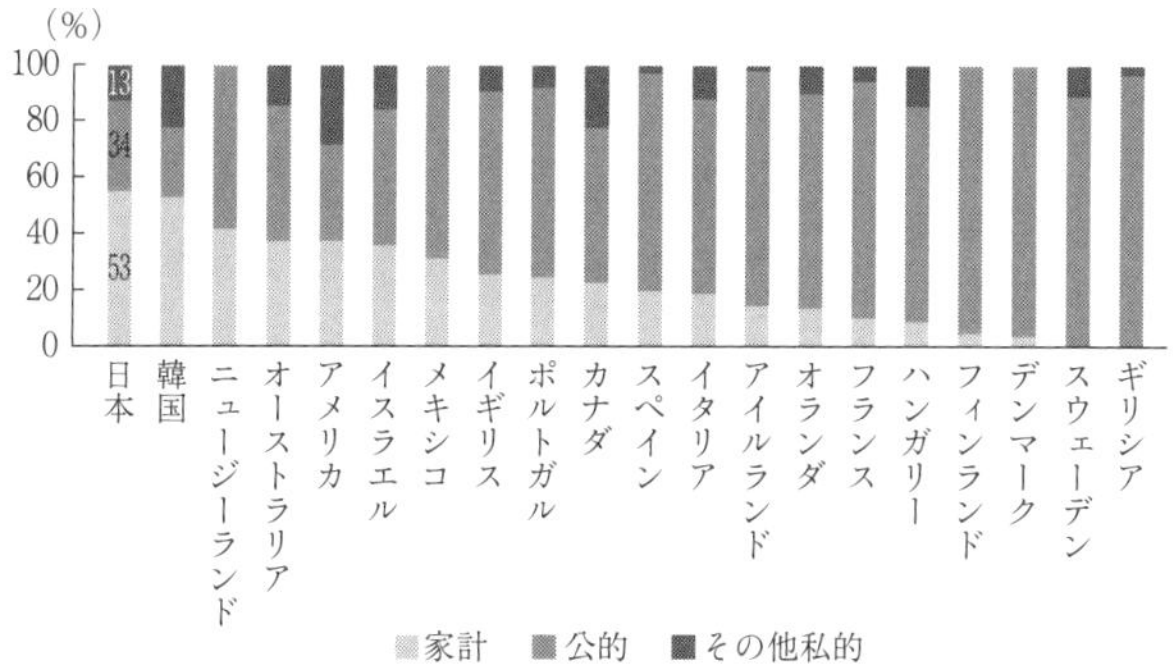


注：ニュージーランド・フィンランドは家計負担にその他私的負担を含む。データは2005年。ただし、カナダは2004年
資料：OECD *Education at a Glance 2008*

こうした国による福祉政策に代わって、日本社会を支えてきたのが「企業福祉」である。日本に特有の日本型雇用は「終身雇用」と「年功賃金」に特徴づけられるとされる。この結果、まず雇用が安定しているために、雇用保険などの、失業者のための社会保障制度が整備されてこなかった。

また、年功賃金によって、学費や住居などの費用が賄われた。将来的に上昇していく賃金と、長期雇用の慣行が、国家による福祉がなくとも、「住宅ローン」や「学資ローン」の借り入れをも可能にし、福祉の代わりを担っていたのだ。

さらに、直接的な企業福祉も存在している。国民年金は、満額を受給しても6万円程度にすぎない。日本の年金はこの国民年金を1階として、3階建ての構造になっているが、残りの2、3階部分は企業単位で成り立っている。
2階部分の厚生年金は企業と労働者が折半で加入し、3階部分の企業年金に至っては、完全な企業主体の福利厚生である。これらは、企業に所属していないと受けることができない。そのうえ、住居や子育てのための費用についても、「企業福祉」として給与に上乗せして支払われることもある。

一言でいって、企業に所属していなければ、福祉を受けることができないのが、日本社会なのである。そして、福祉不在のために、通常の生活を営むためにかかる費用が高すぎるのが、日本社会の特徴だと言える。

## †日本のワーキングプア

こうしたなかで、日本の「貧困層」として古くから注目されてきたのがシングルマザーである。先ほどの企業福祉の構造は、あくまでも「正社員」にしか適用されない。非正規雇用になると、年功賃金はなく、企業福祉も得られない。

だから、フルタイムで働くことができず、非正規雇用で子どもを支えるシングルマザーが貧困状態になってしまうのだ。国は、非正規雇用でも生活できるだけの最低賃金制度も用意していなかった。

学生や主婦の賃金が上がりすぎると、男性の年功賃金に悪影響を及ぼすと考える企業別労働組合も、非正規雇用の差別を黙認してきた。このように、ひとたび日本型雇用の枠から外れると、ほとんどの福祉施策から排除され、とたんに「貧困」に叩き落されるというのが、昔からの日本社会の構造なのである。

だから、2000年代以降、日本では「ワーキングプア」という言葉が使われるようになった。文字通り、働いていても貧困である人々を指す言葉である。90年代まで、非正規雇用の多くは主婦や学生に限られていた。つまり、家計の主な担い手は日本型雇用の男性正社員であり、その「家計補助」として非正規雇用は位置づけられていた。この枠組みから外れた存在の象徴が、シングルマザーだったわけである。

ところが、00年代以降は、「家計自立型非正規雇用」という新しい非正規雇用が増えてきた。これは、派遣労働や契約社員のように、家計を自立させているのに、あくまでも非正規雇用で働く人々のことである。特に、若者の間で急速に広がっているといわれる。

派遣労働に関しては、08年12月に「派遣村」と呼ばれる出来事が起こった。これは、突然解雇された派遣労働者たちが、行き場を失って大量にホームレスになってしまうという悲惨な事件である。「貧困」の広がりが、「働ける人々」のところまで広がってきたことを、日本社会に印象づける出来事だった。

## †ブラック企業が生活保護バッシングを生む

そして今、正社員であっても、年功賃金や終身雇用を与えない「ブラック企業」が社会問題となっている。企業が十分な企業福祉を行わないのであれば、彼らも当然ワーキングプアとならざるを得ない。

企業年金や住宅、家族手当など支払われるはずもない。賃金にしても、最低賃金ぎりぎりの会社も多い。たびたび例に挙げている外食大手企業では、月給に80時間分（過労死水準）の残業代が入って、19万4500円となっている。1時間当たりの賃金は、非正規雇用と変わらない。毎月最低80時間の残業をして、ようやく「基本給」が支払われるのだ。このような労働は、今の若者の労働市場ではさしてめずらしいものではない。ブラック企業で働く若者にとっても、非正規雇用と同じように、低すぎる最低賃金や国による福祉の不在の、ワーキングプア状態に落ち込んでしまうのである。

わずかな賃金と長時間・過酷労働の中で、病気になっても医療は2割負担、住居も高い賃貸住宅の費用や住宅ローンを支払わざるを得ず、子どもがいれば、高額の教育費を負担しなければならない。

福祉の不在ゆえに、働いていても貧しいのだ。だからこそ、多くの人は、「自分たちが苦しいから」と、生活保護の引き下げを求める声に同調してしまう。生保受給者はずるをしている、甘えているといって、結局は、「福祉の切り下げ」を主張してしまうのだ。

## †「生保の方が得」になってしまう問題

実際に、生活保護の方が非正規雇用やブラック企業の労働よりも「まし」であるという側面は、実在している。たとえば、歯科治療の統計が、それを物語る。生活保護を受給できる直前の階層が、もっとも歯科治療の実績が低く、生活保護基準以下になると、治療実績が一気に上向くのである。

世帯年収別に補綴《ほてつ》治療を受けている人の割合を見てみると、50万~100万円の所得階層で補綴治療を受けているのは56・2%で全階層のなかで最も低くなっている。一方、年収が50万円未満の所得階層で補綴治療を受けている割合は、全階層中最も高い79・2%となっている。生活保護を受けることで、これまで抑制されていた医療へのアクセスが一気に向上していることが如実に示されている（図表31）。

逆に、非正規雇用などで働いて、「微妙な収入」が得られることで生保を外れると、歯医者にもいけない。日本社会全体としては「低福祉」なのだが、ひとたび「真正な貧困」と認定された、生活保護受給者だけが、医療・住居・収入という「保護」を一挙に受け取ることができる構図になっている。生活保護を受給しはじめた者のうち、医療保険に未加入の者の割合（不詳の者も含む）を見てみると、全国平均ではおよそ3割、大阪市にいたってはおよそ6割が医療保険に未加入の状態である。これは、生活保護を受給するまで医療にもアクセスすることができていない状態に陥っていることを表している（図表32）。

このように、日本の福祉は、「1か0」なのである。医療を含めた、すべての福祉を無料で受けられる「貧困者」と、「貧困者」と認定されないために、福祉がない状態で低賃金・過重労働に耐えるか（図表33）。

だから、ひとたび「真正な貧困」と定義された人たちが、生活保護に滞留し、なかなか一般の労働市場に復帰できないという問題も実際に生じてしまう。病気などでやむを得ない事情がある場合が多いとはいえ、「稼働世帯」であっても、生保にとどまろうとする受給者が実際に存在していることは、否定できないだろう（ただし、第1章の図表8で示した

### 図表31　世帯年収別に見た、補綴治療を受けている人の割合

| | 人数 | 割合（%） | 総人数 | 割合（%） |
|---|---|---|---|---|
| 50万円未満 | 42 | 79.2 | 53 | 3.8 |
| 50〜100万円 | 50 | 56.2 | 89 | 6.3 |
| 100〜150 | 62 | 62 | 100 | 7.1 |
| 150〜200 | 83 | 69.7 | 119 | 8.5 |
| 200〜300 | 258 | 76.1 | 339 | 24.1 |
| 300〜400 | 167 | 75.5 | 221 | 15.8 |
| 400〜 | 374 | 77.4 | 483 | 34.4 |
| 計 | 1036 | 73.8 | 1404 | 100 |

松山祐輔研究報告
2010年８月　Ａ市の65歳以上住民全員に調査票郵送
回答者：5058人（回答率59.0%／うち残存歯数９本以下2045人中、欠損値のない1404人）

### 図32　生活保護開始者における医療保険未加入・不詳の割合
### （各年９月　社会福祉行政業務報告）

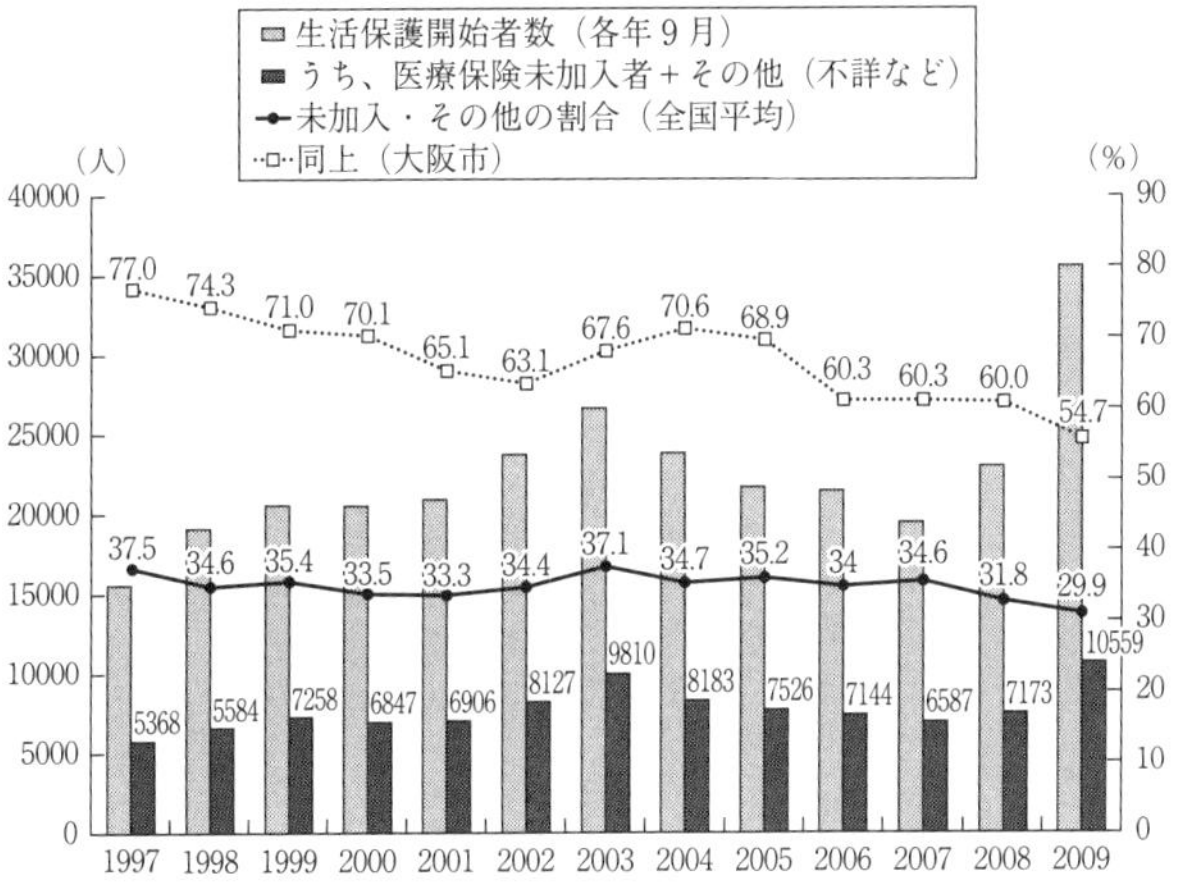

図表33　1か0の日本の福祉

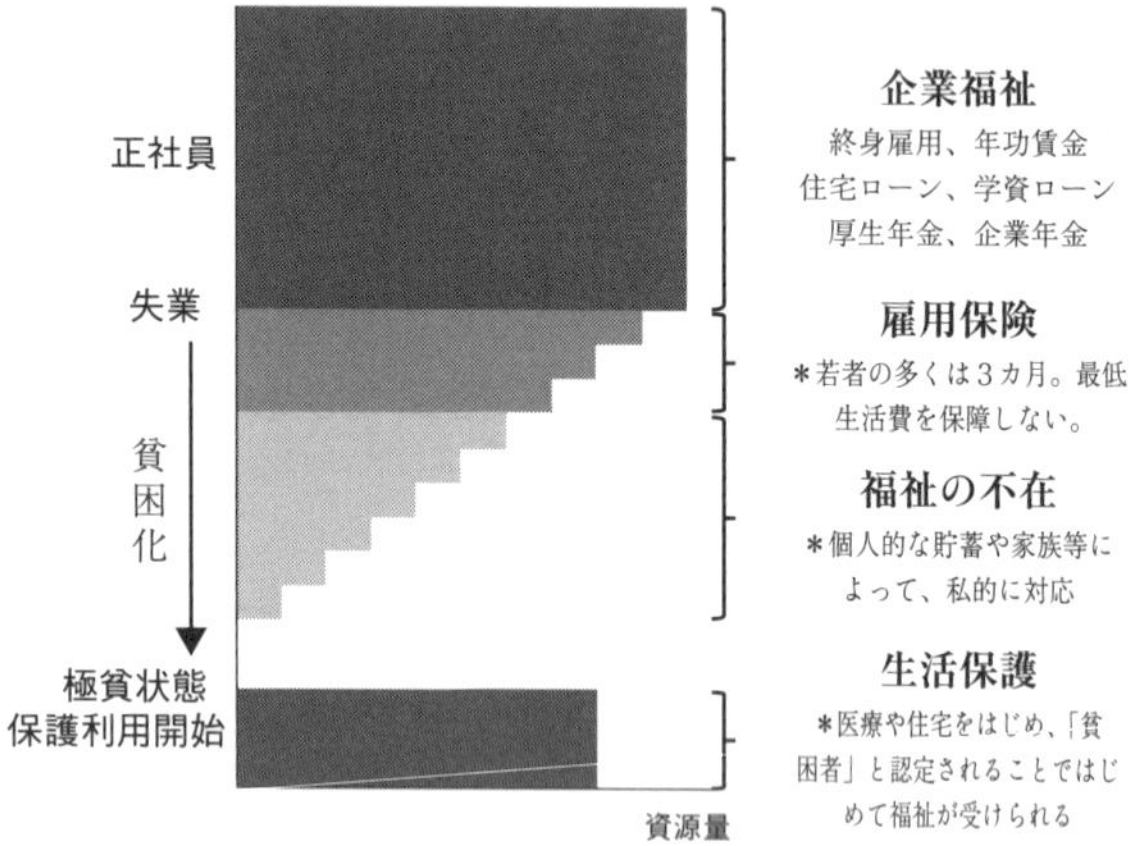


ように、この数は全体の中でわずかであり、あまり増えてもいない）。

ある男性（50代）は、これまでトラックドライバーとして働き続けてきたが、ほとんど休みがとれない過酷な労働環境と、上司のパワハラによって体調を崩し、退職。生活困窮に陥って生活保護を受給することになった。年齢的にはまだ働けるので、何とかして働きたいと考えているが、これまでの経験から運輸業界の過酷な労働実態を熟知しているため、「また過酷な労働をすると思うと、なかなか就職をする勇気が出ない」と話す。もちろん、第1章で述べたように、生活保護の水準は、すでに「極貧状態」であり、しかも保護を受けている以上、その状態が改善されることはない。だから、この状態を望む者はほとんどいないだろう。

## †生保への滞留

このような生活保護への滞留や、保護後の些細な不正が生じてしまう背景には、「人間破壊的労働」とそもそもの低福祉状態があるわけだ。

「転落」の原因が人間破壊的労働にあるのだから、生活保護に滞留する傾向は構造的に拡大せざるを得ない。しかし、これらの「事実」は労働市場に残る若者にさらなる不満を抱かせる。実際に、日本の労働は、「やってられない」。だが、だからこそ、過酷労働を忌避して生保に滞留するし、過酷労働を忌避した者を、「過酷労働に耐える者」が非難するという構図も生まれる。

「ブラック企業問題」でも同じ構図が見られる。数年でうつ病など、体を壊して「自己都合退職」するような職場でも、実際に残っている者がいる。かれらは「脱落」した元同僚を批判する。ともすれば、「ブラック経営者」と同じ論理で、彼らをさげすむのである。

いわく、「あいつは甘い」「どんなに厳しくてもついてこれない人間はクズだ」「会社の利益にならない人間は生きている価値がない」等々。

ただ、繰り返し述べてきたように、ブラック企業の「人間破壊的労働」への縛りつけも、生保受給者に貧困の真正さを求めることも、全体にとって不毛なのである。労働市場の劣悪さと、働いている人へのあまりに低水準の福祉が、労働市場への復帰を阻んでいる。もし彼らが「何でもいいから働く」ために労働市場に出れば、そこにはブラック企業が手ぐすねを引いて待っている。そして、実際、ブラック企業は長時間・低賃金労働で、あっというまに心身を破壊するまで搾取し尽くすだろう。皮肉なことに、うつ病にかかってまた生保に陥るよりも、ただ生保にいる方が、社会的にも低コストなのである。

このように、現実の私たちは、そうした「ブラック労働」に耐えて、体を壊すまで働き続けるか、スティグマ（恥辱）とバッシングを受けながら生活保護を受給するかしかない。どちらも拒否するとすれば、ただ「貧困化」し（最後まで生保にたどり着けないなら）餓死することになる。

## †議論の混乱

現状の労働環境を前提にしたままでは、過酷労働か、（貧困化を経由した）生活保護の「どちらかの側」に回るしか、選択肢はないのである。

さらに、もう一つ「生活保護バッシング」に力を与え、問題を深刻にしているのが、バッシングを批判する側も「人間破壊的労働」と、この受給後の「不正」をなかなか正面から取り扱うことができていないということだ。

貧困者の悲惨な実例だけに焦点化しようとしたことで、ますます違和感が大きくなる。ただ疑う余地のない悲惨な現象だけに焦点化したバッシングへの反論は、（それが事実であるにもかかわらず！）労働市場に懸命に残ろうとする若者たちの実感には響きにくい。それどころか、それは彼らへの「過大な要求」としてさえ、映るだろう。長時間サービス残業、過酷なノルマ、消費増税、賃金引き下げ、それでも耐えて働いている自分たちに、辞めていった者たちへの「寛容《かんよう》さ」まで要求するのか、と。彼らは自分たちの側の、「労働市場に残る辛さ」を理解してほしいのであって、ただ「生活保護受給者も悲惨だ」という事実だけを対置されても、そこには深い溝《みぞ》が刻まれてしまう。

## 2　中間的就労は自立を促すか

このように、実質的な対立構造を背景に繰り出されている「バッシング」は、本当に必要な対策を遠ざけ、不合理な対応へと社会を追いやっている。いわば「思考停止」のような状態で、議論が錯綜しているのである。これは、前半でも見たとおりである。

現在の政策論の中でも、とりわけ問題が大きいと思われるのが「中間的就労」である。中間的就労とは、生活保護を受給している者で、すぐには就労することが難しい者に一般就労とは異なるかたちで、就労させる制度を意味している。今、生活保護改革の分野では「切り札」といってもよいほどに、注目を集めている施策だ（次章でも再度述べる）。

具体的には、NPO団体などで簡単な仕事をし、社会復帰のための「助走期間」にしていくことが想定されている。

確かに、生活保護が「自立」を促していくという本来の趣旨に立ち戻るなら、いきなり一般就労につくことを強制するのではなく、段階的に就労を促していく仕組みを整えることは、有意義である。それは、人間破壊的労働が蔓延している状況ではなおさらだろう。

では何が問題かというと、二つある。一つは、「中間的就労」においては労働基準法などを適用除外とし、普通の労働者よりも低い条件で使えるようにしよう、という案が主流を占めていることだ。

2013年1月に出された社会保障審議会の「生活困窮者の生活支援のあり方に関する特別部会」の報告書によると、次のような議論がされている。


中間的就労は福祉施策の一環として、労働基準法制の適用外として柔軟に対応する形とするべきとの意見（が出された）。


つまり、「中間的就労」に就いている貧困者に関しては、最低賃金以下で雇ってもよいし、怪我などをした場合にも、使用者は責任を取らなくてよい、ということだ。

こうした就労形態は、すでに「シルバー人材」で社会問題になっている。シルバー人材センターの紹介で働いた場合には、労働者ではボランティアないし個人事業主として扱われるために、怪我をしても労働災害の対象とならず、自費負担となる。

2009年には、シルバー人材センターを利用していた男性が、シルバー人材センターから委託された作業中に足の骨を折る怪我をした。しかしセンターの作業は「業務」にあたり、男性が入っている娘の会社の健康保険は適用できず、治療にかかる金額85万円全額の支払いを求められるという事件が起きている。

また、シルバー人材センターでの労働は、建前としては、年金収入が前提となっているために、最低賃金以下の労働が定められているのである。今度は、そうした「シルバー人材型労働」を、貧困者全体に広げていこうということになりかねない。

これまで「年金をもらっている老人だからいいだろう」と言われてきたものが、貧困者・生活保護受給者にまで拡大してしまうのだ。そうすると、労働法適用除外の超劣悪な労働によって、「あなたには収入があるから生活保護は必要ない」と貧困状態に叩き落されてしまいかねない。これまでの生活保護行政の実態を思い返せば、そのような運用が行われる可能性が高いことは、明白である。

### †対象が不明確

また、「中間的就労」の第二の問題は、第一に関連し、その目的や対象がはっきりしないことである。先の審議会では、下記のことも議論されたという。

中間的就労は、①ケア付きとすることが必要であるとともに、②賃金労働ではなく参加に重点を置くべきとの意見（が出された）。

高齢で、一般市場に向かず、また将来的なスキルを磨く必要のない生活保護受給者であれば、確かに「参加」が大切になるのだろう。家の中にいるくらいならば、半ば「ボランティア」として、シルバー人材や中間的就労で社会参加したほうがよいのかもしれない。だが、若く、将来にわたり就労しなければならない世代にとっては、労働法適用除外の条件で、「参加」を目的として働くのでは困る。国が職業訓練施策を採るなどして、職業能力開発＝職業訓練に取り組むことこそが必要とされているのである。

対象が明確に定められていないために、「参加」なのか、「訓練」なのか、それすらもはっきりしないで進んでいるのが現在の「中間的就労」政策なのである。

図表34　PSCの中間的就労の内容

| 就業体験実習の期間 | 就業体験実習奨励金の額 |
|---|---|
| 1〜4日 | 0円 |
| 5〜9日 | 20,000円 |
| 10〜14日 | 50,000円 |
| 15〜19日 | 80,000円 |
| 20日 | 100,000円 |

## †PSCの実例

具体的な事例をあげよう。たとえば、私たちPOSSEも連携し、仙台市で被災者の就労支援事業を行う一般社団法人パーソナルサポートセンター（PSC）の例である。PSCは早くから仙台市の被災者向け仮設住宅の住民の支援をはじめ、2012年から就労支援事業にも着手している（同様に私たち仙台POSSEも仙台市で就労支援事業を行っており、PSCとは連携している）。

PSCが打ち出している中間的就労の内容は、被災者に就労の機会を提供するために、地元の企業と連携し、簡易な作業に従事してもらい段階的に賃金を支払うというもの。図表34のように、最初の4日間は働いてもゼロ円だが、継続すると引き上げられていく。

こうすることで、労働に対する対価を支払っている場合に適用されるはずの労働基準法が適用されなくていいようになっているのだ（厚生労働省がこの方法を認めて、実施されている）。

本来であれば、4日働いてゼロ円とか、5日でも2万円の賃金では最低賃金法に引っかかるなど、労働基準法に反した取り扱いとなるが、今回は「中間的就労」であるために、労働行政も特別に認めたのである。

被災者が「参加」できる「中間的就労」の内容は、皿洗いや倉庫整理、運搬作業など、いわゆる「雑用」に属する仕事が多いという。

PSCは、さまざまな理由から長期の失業状態にある被災者が、事業所のなかで実際に作業に従事することによって社会とのつながりを取り戻し、就労意欲を高めていくことで、経済的な自立をサポートしていくことを主眼に事業を行っている。

もちろん、被災などを理由に長期の失業状態にある者にとっては、こうした場に参加することで社会とのつながりを感じたり、それによって就労意欲を高めていくことは重要だろう。だが、長期的に考えると、若者にとっては、将来へつながるものではないことに懸念がある。

就労意欲が高まった結果、就労につながったとしても、上記の仕事では、若者が長期にキャリアを形成していくことは難しい。最低賃金以下の賃金で「雑用」に従事することでは、キャリアアップにつながるスキルを身につけることも困難だ。そのため、運良く職に就くことができたとしても、ワーキングプアからは脱出することができない。「中間的就労」が一般労働市場へのステップアップになったとしても、その「出口」は底辺労働市場であることが多いのである。

また、この中間的就労への「参加」が生活保護からの追放や、保護を受けられないようにする理由になってしまうのではないかとの危惧も、拭《ぬぐ》い去れない。

## †中間的就労の弊害

とはいえ、ＰＳＣの就労支援は、あくまでも一般社団法人、それも貧困者支援に実績のある団体が行政と強く連携している事例である。だからこそ、右に示したような懸念が全面的に生じてくる可能性は低いと考えている。

だが、すでに何度も述べたように、福祉制度を食い物にしようとしている「貧困ビジネス」が世の中には蔓延している。なかにはやくざとつながっている団体もある。こうした勢力が「中間的就労ビジネス」に乗り出してきたらどうなるだろうか。

あるいは、やくざとまではいわない。多少いかがわしい企業、また「ブラック企業」でもいい。想像してみてほしい。

まず、彼らは「中間的就労」であれば労基法が適用されないことに敏感に反応するだろう。そして、「これは中間的就労です」といって、自社の雑用（運搬や接客などの単純作業だろう）を積極的に貧困者に担わせようとする。

ＰＯＳＳＥが受けた相談で次のような事例がある。

**Xさん（20代、女性）**

Ｘさんは、専門学校を卒業後就職するが、職場での過酷な労働環境が原因でうつ病を罹患し、退職する。その後、ある社会福祉法人が行っている自立支援を受けることになり、Ｘさんは、そのプログラムの一環として、「体験就労」に参加した。体験先は病院、業務はカルテ整理である。ここでＸさんは、「体験就労」であるため最低賃金以下の時給５００円ほどで働くことになった。

この「体験就労」は、「体験」であるにもかかわらず３年間も続いた。最終的に、業務量が増加し、体力的に耐えられなくなって、Ｘさんは辞めた。

本来一般就労へのステップとなるはずの中間的就労（ここでは「体験就労」）だが、Ｘ

さんの場合、単に最低賃金以下で雑用を担わされただけであり、病院にとっては安価な労働力以外の何物でもなかった。社会福祉法人側の支援員もサポートに入っておらず、Xさんは放置されたままだった。

現在でも大きな問題となっている「外国人研修生」を思い浮かべてほしい。中国から「研修」が目的だと連れてこられた若者たちが、パスポートを取り上げられ、労働基準法の適用除外で、時給３００円で奴隷のような労働を強要されるという事件が相次いだ。

これと同じように、貧困ビジネスに従事させられ、宿舎に住まわされ、「中間的就労」と称して奴隷的労働を強制されるようになってしまうのではないだろうか。

## †集中的就労支援

そんななか、厚生労働省は２０１３年5月17日、生活保護受給者に対し、受給開始から原則6カ月以内に集中的に支援するとの基本方針をまとめ、都道府県などに通知した。無職の期間が長くなると就職しにくい傾向があるため、早期の対応を強化するという。

「なかなか職が見つからない受給者には、職種や就労場所の希望を変更して、短時間、低賃金の仕事でもいったん職に就いてもらう方針で支援していく」(共同通信)とのことである。

確かに、就労のための早期支援は重要であるし、就労機会を増やすことも大切だ。しかし、現状の生保行政や社会状況に鑑みると、それが貧困ビジネスやブラック企業に悪用されるリスクは、かなり高いものと思われる。

## †一般の労働市場へも影響する

貧困バッシングの中で、日本の労働条件や福祉の内容は「底抜け」の様相を呈してきている。「生保受給者は、どんな条件でもいいから働いた方がいい」というまなざしは、結局のところ、奴隷労働であったとしても、許容するという話になりかねない。

ただ就労を促すのではない。あくまでも「二級市民」として、市場に参入することが求められている。そして、今度はそうして労働法適用除外にされた「貧困者」と、現在非正規雇用やブラック企業でぎりぎりの生活を送っている者たちが「競争構造」の中におかれることになる。

ブラック企業としては、貧困者を「中間的就労」の形式で、労働法適用除外で雇うのもよし。新卒の若者を最低賃金で長時間労働に駆り立てるのもよし。もし若者がいやだというのなら、つぎつぎに別の貧困者に切り替えていけばいい。残酷だが、これが市場社会の現実である。

こうしたことを進めていっても、福祉と労働の底抜け状態を引き起こすだけで、貧困のサイクルは貧困ビジネスへの包摂を強めながら、人間破壊的労働は、ますます強化される。

確かに、現在の長時間・低賃金労働で働く者が、「貧困の証明」と引き換えに生活保護を受けることに激しい拒否感を持つことは理解できる。だが、生活保護受給者へのバッシングやただやみくもに就労を促すという圧力が、今度は自分自身に跳ね返ってくるような競争構造となって表れているのだ。

## 3 「生活保護の分割」こそが、答えである

かといって、もちろん社会参加や就労の機会が無意味だというのではない。「中間的就労」に関しては、その「やり方」が重要だと考えている。PSCのような福祉で実績のあ

る団体が担い手になることはもちろんのこと、そのうえで、きちんと最低賃金を保障するような方法、あるいは収入を生活保護などで別途保障する方法をとる必要がある。ちなみに韓国では、中間的就労の場合の賃金は、国家が支払うかたちで最低賃金額を保障されているようである。

だが、その場合にも、結局「生活保護受給者は何でもいいから働け」というバッシング的な対立構造がある限り、冷静な福祉構築にはつながらないであろう。まずは、この対立構造をなくし、日本人全体の福祉を底上げしていくことが、誰にとっても望ましい政策であるという認識を共有する必要がある。

生活保護受給者を、低劣な労働に駆り立てて、ブラック企業や非正規雇用で働く人々と競争させるのではなく、「全員にとっての利益」を追求するのだ。

私が考える本当の対策は、中間的就労ではない。現在「1か0か」になっている福祉を変えていくことが「答え」である。たとえば、ある一定の水準以下の賃金の人が、教育や医療、住居については国から無料で給付を受けられるようにする。これは、生保受給者だけではなく、ぎりぎりの生活を送る非正規雇用やブラック企業の労働者全体を底上げすることにつながる政策である。

また、最低賃金制度の引き上げも、生活保護に多くの人が「転落」せずにすむためには欠かせない。欧米並みの水準（時給1000円以上）に最低賃金が引き上げられ、年収300万円から400万円の世帯の医療や住居、教育費が減免されれば、実質的に必要な所得はかなりの程度抑えられることになる、貧困は相当抑制されるだろうし、働くことができるのに、生活保護を必要とする人はかなり減少するはずだ。

現在でも、収入は生活保護基準以上だが、病気で医療費が生計を圧迫しているような場合には、生活保護の医療扶助のみの単給の制度がある。だが、これはほとんど利用されておらず、実質的には機能していない。生活保護行政の実態、申請までの壁を思い起こせば、当然のことであろう。

こうした制度改革は、多くの国民が「同意」できる内容だと思う。誰か特別な人だけを取り出して、ことさらに手厚く「保護」するのではない。多くの人の福祉の水準を引き上げることで、全体としての貧困状態を改善していくというものだからだ。

昨今の安倍首相によるデフレ脱却政策の中で、最低賃金引き上げの主張も出てきている。少子化、デフレ、市場の縮小を緩和するには、福祉と最低賃金を改善し、国民全体の生活水準を向上させるしかない。年収400万円までの人々が、安心して子どもを育て、消費することができれば、国内経済も活況に向かうだろう。

## †ナショナルミニマム構築へ

こうした政策の方向性は、もう少し堅くいうならば、「ナショナルミニマム構築」への転換だということができる。これまでの生活保護政策は、「要保護」者を「特別な人」というように位置づけて、その人だけを集中的に支援する仕組みになっていた。だからこそ、対立が生じてくるし、「バッシング」にまで発展してしまう。

そうではなくて、賃金にしても社会保障にしても、すべての人（あるいはマジョリティーにとって）一律の水準を設け、そこのところで貧困への転落を防いでいくべきなのだ。それが、国民・住民の最低限の保障（ナショナルミニマム）の構築という政策戦略なのである。

こちらの方が、明らかに経済的にも効率的であるし、国民・住民が押しなべて、健康維持の面でも、社会参加の面でも有利になる。活力のある社会を描くための、いわば「土台」がナショナルミニマムなのである。

さらに言えば、ナショナルミニマムの構築は、人間破壊的労働、ブラック企業へと若者を駆り立てる圧力をも、減退させてくれるだろう。日本で際立って過労死・自殺が多く、過酷労働が蔓延するのも、欧州諸国のようなナショナルミニマムが設定されていないからだといえる。

共通の土台がないから、「自分だけは生き残ろう」と奔走《ほんそう》しなければならず、ブラック企業が「死ぬまで働くなら、雇ってやる」とそこで足元を見る構図にはまり込んでしまうのである。中間的就労などは、やり方を間違えると、ナショナルミニマム構築の真逆へと社会を進めてしまう。

人間破壊的労働の促進は、ブラック企業にとっては「好都合」かもしれないが、日本社会全体としてみれば、滅びへの道である。人間が大切にされず、荒んでいけば、創造性は絶え、何も生み出すことはできないのである。

このように書くと、「失業が増えるのではないか」と懸念される方もおられるだろう。確かに、劣悪な労働を拒否することで、失業率は上昇するかもしれない。だが、欧米諸国に比べて日本の失業率は低く、その要因は、こうした劣悪労働に不本意に従事する人口が多いからだといわれている（半失業）。

繰り返しになるが、劣悪な労働は一時的に失業率を下げることができても、いずれは心身をむしばみ、日本の活力を奪ってしまう。また、産業構造の観点からいっても、「低すぎる賃金」やサービス残業を放任してしまうと、日本の産業社会から、イノベーションによる生産性向上の意欲をそぎ、国際競争力を引き下げてしまう恐れもある。

つまり、設備投資したり、積極的に付加価値の高い商品を開発するのではなく、奴隷的な劣悪労働で、とりあえずの「利益」が稼げる状態になってしまうのだ。実際、日本の労働生産性が、近年海外に比べて低下している要因も、こうした労働環境の劣悪化によるところもあると、考えることができる。

### †制度の実際の担い手

あるべき大きな政策の方向性については以上の通りだ。

ただ、当面の生活保護行政を改善させるために、ここでもう一つ重要な課題が残る。それは、福祉の担い手の問題である。いかなる制度ができようとも、それを実際に運用するのは、人間なのである

すでにみたように、生活保護制度は、その趣旨から大きくかけ離れて運用されている。個別制度の単給にしても、制度自体に改善の余地もあるとはいえ、今でも一定程度は活用

可能なはずだ。しかし、実際にはそうはならないで、「水際作戦」と「監視とハラスメント」が行われている。

その背景には、支援者自身が官僚化し、差別意識を内面化している事実がある。その結果、削減圧力の中で、実際の制度の運用を、本来の目的よりも劣化した内容、逸脱した内容に導くことに、彼らは実質的に加担してしまっている。

福祉制度は、もちろん国の制度であるので、本来であれば、まずは制度通りの運用がされるのが原則である。だが、実際にそれを運用するのが人間であることにも注意が必要だ。現実に福祉を実践する者が、どのような者であるのかによって、制度のあり方は変化しうるのである。

そして、本来であれば、支援者（ソーシャルワーカー）の役割は、多くの生活保護ケースワーカーの現状とはまったく逆のものであるはずである。本来、ソーシャルワーカーは、相談に訪れた要支援者に対し、彼らのニーズをくみとり、そのニーズに基づいた「自立のための制度を超えた支援」を展開する。

もともと法律がすべての支援ニーズをくみとっているということはありえない。これは、世界中どこでもそうである。だからこそ、福祉の実践を通じて、ニーズに合わせた福祉実践を行う。そして、国家はそうした実践を「後追い」するかたちで福祉政策を拡充してきたのである。
日本における社会福祉学の始祖の1人ともいえる、岡村重夫《おかむらしげお》によれば、福祉が発展していくためには、常に制度を超えた実践が求められているのであるである。

法律による社会福祉が社会福祉の全部ではない。いな全部であってはならない。法律によらない民間の自発的な社会福祉（voluntary social service）による社会福祉的活動の存在こそ、社会福祉全体の自己改造の原動力として評価されなければならない。「法律による社会福祉」が法律の枠にしばりつけられて硬直した援助活動に終始しているときに、新しいより合理的な社会福祉理論による対象認識と実践方法を提示し、自由な活動を展開することのできるのは自発的な民間の社会福祉の特色である。それは財源の裏づけもなければ、法律によって権威づけられた制度でもない。しかしそのようなことは自発的な社会福祉にとって問題ではない。問題なのは、その社会福祉理論の合理性に裏づけられた新しい社会福祉的援助原則を、たとえ小規模であっても、これを実証してみせることであり、また「法律による社会福祉」の側がこれを謙虚に受けとめて法律を改正し、その時々の社会福祉全体をいかに発展させるかということである。

（中略）社会福祉法制度がそのまま社会福祉なのではない。社会福祉に関するかぎり、法律は常に（引用者：自発的な社会福祉実践によって）超えられるものでなくてはならない。

（岡村重夫『社会福祉原論』全国社会福祉協議会、1983年）

そうした、社会福祉を実現し、発展させる役割は、国会のなかの論議ではなく、本来は福祉支援の現場のなかにこそある。そうした意味では、中間的就労の内容がどのようになるのかも、現場の支援者の実践と問題提起にかかっているといえる。そして、そうした新しい福祉のニーズを国家レベルにしていくためにも、NPOなどの民間団体が率先して新しい事業に挑戦し、その意義を社会に示していくことが大切なのである。

## †藤田孝典の実践

こうしたなかで、先ほどの社会保障審議会の特別部会委員でもある、NPO法人ほっとプラス代表の、藤田《ふじた》孝典《たかのり》の実践は示唆的だ。彼は、社会福祉士の資格を持つ福祉支援の専門家でありながら、今の制度のなかで対象を選別し縦割り的に行われている福祉行政を批判し、自らNPOを立ち上げ、行政からは独立して福祉実践を行っている。

たとえば、DVを受けて夫から逃げてきた母子から相談を受けた場合どうなるか。属性によって対象を選別する福祉行政では、母親は婦人保護施設、子どもは児童養護施設へとばらばらに対応がなされることになってしまう。母子のニーズに照らして考えれば、親子を引き離さず、世帯単位での支援が求められるはずである。

藤田は独自に「支援付き住宅提供事業」を運営し、自立した生活を送れるようにするために、ひとりひとりのニーズに応じたトータルな生活支援を行っている。アルコール依存症を抱えた相談者、刑務所の服役を終えた人、DVの被害者……、複合的な生活課題を抱えている人たちに対しても、選別することなく相談を受け入れる。そして、まず生活保護につなぐことで生存を確保し、住居が不安定な状態であれば住居を提供する。そして相談者が抱える生活課題を解決し自立を支えるために、行政サービスや地域資源を活用しながらひとりひとりのニーズに応じた支援を行っていく。

藤田は、若くして新しい支援のあり方を切り開き、現場での支援を行うだけではなく、活動を通じて浮かび上がってくる現行制度の問題点を指摘し、行政への提言まで行っている。

彼は、「ソーシャルワーク」は行政の下請けであってはならないという。現在の制度を着実に利用しながら生活困窮者の支援をしつつ、彼らのニーズに基づいて現行の制度に何が足りないのかを明らかにし、地域や行政、政治に訴えていくことを重視した活動を展開する。このように、現場の支援だけではなく、社会変革のための働きかけ、すなわち「ソーシャルアクション」を含み込んで実践していくことこそが重要なのである。ソーシャルアクションの視点がない支援は、行政システムを補完することはあっても、社会の発展には寄与しない。「ソーシャルアクションなき支援はいらない」と彼は断言する。

無料低額宿泊所や中間的就労が、ナショナルミニマムの構築に資するソーシャルワークの実践となるのか、それとも「貧困化」を促進するための先兵《せんぺい》になってしまうのか。こうしたことは、実は福祉現場に関わるひとりひとりにも、投げかけられているのだ。

# 終章　法改正でどうなるのか

現行の生活保護法は、1950年に現在のかたちに整備されて以降、一度も改正されていない。その生活保護法の改正案（以下、改正案）が議論されており、2013年6月4日衆院本会議で可決。成立する見通しとなった。また、同時に新しい法律として「生活困窮者自立支援法案」も提出されている。

改正案は、どのような内容となっているのだろうか。本章では、第3章で示した保護実施過程——①保護の開始、②保護の受給中、③保護の廃止の三段階に即し、これまで見てきた現実を踏まえ、実際の運用にどのような影響を与えるのかを考察してみよう。

## 1 保護の開始

まず、最も大きな影響を与えるだろうと思われる改正点は、申請に関する条文である。これまでは、裁判例によって口頭での申請も可能という判断が下されてきた。ところが、改正案では保護の開始の申請にあたって、申請書・関係書類の提出を義務付けている。

申請書類の提出義務化は、生命の保障に対する行政責任を利用者側に転嫁することになるので、非常に重大な改正である。自らが貧困状態なのだと証明できない限り、行政は動かなくても良いということになる。これでは、ほとんどの貧困者は生活保護の申請ができなくなってしまう。まじめな貧困者ほど、「就職活動が足りない」と言われれば、書類の作成などできずに、我慢して自分を責めることになるだろう。結果として「貧困化」が促進されることになる。

2013年5月28日に自公民の3党で修正が行われ、24条に「但し書き」として「特別な事情がある」ときには、書類は必要がないという修正が加えられたが、申請書類提出義務化の根本的な条文は残されたままだ。「特別の事情がある」と判断するのは福祉事務所である。

たとえば、DVなどで着の身着のまま逃げてきた人、路上生活者、高齢者、疾病者等々、自力で申請書類を集められない人たちが窓口で追い返されてしまう危険性が高い。彼らは必要書類をもれなく記載したり、自分自身の課税状況などを示すことができないからだ。

実は、こうした対応の違法性は2カ月前まで厚労省自身認めてきたところである。2013年3月11日に開催された、厚生労働省社会・援護局関係主管課長会議で提出された資料では、監査の結果、「一部の実施機関において、保護の相談に際し、……申請者が申請時において提出を求めることを内容とした書面を面接相談の際に使用し、それらの提出が申請の要件であるかのような誤信を与えかねない運用を行っている事例等、申請権を侵害、ないし侵害していると疑われる不適切な取扱いが未だに認められている」と指摘している。

つまり、法改正は、これまでも行われてきた「書類がそろえられなければ申請を認めない」という水際作戦を合法化してしまう。

また、「ここが足りない」「ここの書き方が違う」などと、何度も追い返すことも容易になるだろう。自ら証明ができない限り、いつまでも保護は開始されない。しかも、貧困状態であれば、そうしたことに労力を使うこと自体が、現実的ではない。

すべての自治体ではなく、特に悪意を持って、水際作戦を展開してきた自治体では、餓死、「孤独死」が急増するであろうことは、目に見えている。

### †扶養義務の強化

第二に、改正案は扶養義務の強化を定めている。改正案では、要保護者の扶養義務者に氏名・住所・居所・資産・収入などの報告を求めることができるようになっている（28条2項）。そして要保護者だけでなく、扶養義務者の収入や資産についても、官公署や銀行、雇主などに調査できるようになった。

またしても、ＤＶ被害者や、家族関係に問題を抱えている人は、これによって申請が困難になるだろう。とくにＤＶ被害者の場合、加害者に連絡をとられてしまうという可能性自体がとてつもない脅威になるのである。その可能性が生じるだけで、申請を断念する方が出てくるだろうことは想像に難くない。

また、申請時点で家族関係に問題がなくても、この調査が行われることによって家族関係が破綻する可能性がある。扶養義務を負っている親族が生活保護を申請しただけで、ただ連絡が行くだけではなく、彼ら親戚の収入や資産などまでが、福祉事務所によって調査される。調査される側も、職場で「親戚に生保受給者がいる」と噂を立てられることで、不利益を被るといった事態が生じる危険性がある。

これが理由で、申請者本人は「親戚に迷惑がかかる」として申請を躊躇《ちゅうちょ》してしまうだろう。また扶養義務者は、できるだけ親族が生活保護を受けさせないように陰に陽に圧力をかけてくることが想定される。こうして事実上、扶養が要件として強制されることになる。

## 2 保護の受給中

申請手続きの厳格化をくぐり抜け、なんとか生活保護を受給することができたとしても、そこで保障される生活はどのようなものになりうるだろうか。改正案では、被保護者の義務を明記した条文を新しく設けている（60条）。

被保護者は、常に、能力に応じて勤労に励み、自ら、健康の保持及び増進に努め、収入、支出その他の生計の状況を適切に把握するとともに支出の節約を図り、その他生活の維持及び向上に努めなければならない。

このように、健康管理や家計の管理などを受給者の責務として位置づけ、明記している。確かに、被保護者が自らの努力で自立していくことは重要ではある。

しかし、疾病や障害、高齢などの理由で、自らの意思だけでは健康管理や家計管理をこなすことが難しい利用者も多い。第5章で紹介した藤田孝典は、被保護者が受給した金銭を自分の生活に還元できないことを、社会福祉の専門用語で「財をサービスに転化できない」状態であると述べている（藤田『ひとりも殺させない』堀之内出版、2013年）。このような状態に陥っている生活困窮者は決して少なくない。

そうした受給者が自立するためには、ケースワーカーが、なぜそのような状態に陥っているのかをアセスメントして、適切な支援を行っていくことが必要だ。金銭の管理の方法を教えたり、ギャンブル依存症やアルコール依存症を抱えている場合には治療を受けさせるなどのサポートが不可欠なのである。

改正案60条のように、いたずらに受給者の「自己責任」を強調するだけでは、貧困の原因である生活問題が放置される可能性がある。それは生活保護法の目的である「自立の助長」と逆の結果を生み出すだけだ。

### †不正受給の罰則強化

加えて、不正受給罰則の強化（78条）が盛り込まれている。これは、不正受給した金額の140％を徴収できるようにし、徴収金を（本人の同意を前提に）保護費から天引きできるように定めている。加えて、これまで不正受給の罰則は3年以下の懲役または30万円以下の罰金であったが、改正案では罰金が100万円に引き上げられている。

第1章の天王寺区の事例でも見られるように、「不正受給」とされるケースの中には、ケースワーカーの怠慢によって生じているものや、行政がいわば〝意図的〟に不正をつくり出しているものなど、必ずしも本人に責任があるとはいえない事例が少なからず含まれている。そうした責任のいっさいが、受給者に負わされてしまう恐れがある。

また、徴収金を保護費から天引きするということは、最低生活費を下回った生活を国の法律によって認めるということになる（これまでの運用では、一度全額を受給者に渡した後に徴収するというかたちを取っていた）。天引きは本人の同意を前提としてはいるが、生活保護基準は国が定めた最低基準であり、受給者の合意はこの最低基準を侵して良い理由にはならない。しかも、生活保護に全生活資源を頼っている受給者と保護の決定権限を握る福祉事務所との権力関係はきわめて非対称的だ。そのため、運用レベルでその「同意」さえ形骸化される危険性は極めて高い。

†就労自立給付金

その他、受給者が働いて得た収入の一部を積み立て、保護廃止時に生活費として支給する「就労自立給付金」が新設された。

「就労自立給付金」については、保護を抜ける際に「自立の原資」が少なすぎるという問題意識から創設されたものである。これについては、これまで見てきた通り、「真正な貧困者」に陥るまで生活保護の受給を認めないという運用に本質的な問題がある。

また、すでに生活保護基準の引き下げが決まり、さらに申請の厳格化と扶養要件の強化が加われば、よりいっそう「真正な貧困者」が強化されることになる。そこに「就労自立給付金」で対策しようとしても、焼け石に水である。根本的な問題に目を向けていく必要がある。

## 3 保護の廃止

最後に、保護の廃止についても変更が加えられていることに注意が必要だ。改正案では、保護廃止の要件が緩和されている。具体的には、資産・収入・健康状態などについて報告しなかった、あるいは虚偽の報告をした場合にも、保護の変更・停止・廃止ができるようになっているのである。

第1章でも見たように、行政が「不正受給」をつくりだすことさえあるという実態を鑑みると、この廃止要件の緩和が悪用される可能性は高い。受給者も申告の必要がないと思っているような課税対象外の少額の収入や子どものアルバイト収入を理由に、「打ち切り」を行う。そもそも資産・収入・健康状態の把握は、本来ケースワーカーの業務である。その責任を一方的に受給者に転嫁し、いつでも打ち切れる口実として、実質的に機能しかねないのである。これではケースワーカーのパワハラに拍車がかかってしまうだろう。

## †生活困窮者自立支援法案

次に生活困窮者自立支援法案はどうか。この法律では、①各自治体に「自立相談支援事業」の設置と「住居確保給付金」の支給を義務づけ、任意で②「就労準備支援事業、一時生活支援事業及び家計相談支援事業等の実施」を求め、③都道府県知事等による就労訓練事業（いわゆる「中間的就労」）の認定を可能にしている。

まず、必置事業である①をみてみよう。後者の「住宅確保給付金」は、離職により住宅を失った生活困窮者などに対し、家賃相当の「住宅確保給付金」（有期）を支援する制度だ。これは、これまでにも盛んに議論されてきた、生活保護に落ち込む前の「第二のセーフティネット」に位置づけられる。確かに、住居が確保されていれば、生活保護に落ち込む危険性はかなり低減でき、有効な自立支援策となりうる。

問題は、前者の「自立相談支援事業」にある。実は、自立支援相談事業には、生活保護の申請援助義務が課されていない。自治体は、福祉事務所に来た人に「自立支援相談」前置主義をとって生活保護の前に「まず自立支援を」という対応をとることができるのだ。後で触れる③認定生活困窮者就労訓練事業の斡旋《あっせん》が、この相談事業のメニューに含まれていることを併せて考えれば、ここでいう「自立」に「就労」が強く含意されていることは明らかだろう。この文言には読者も見覚えがあるだろう。そう、「水際作戦」の典型的な手法である。ここでの「相談」が事実上、生活保護から困窮者を遠ざけ、住居費だけ支給して「貧困化」を促進する。つまりは「水際作戦」の温床になってしまう可能性があるのだ。

†貧困ビジネスの危険

また、②「就労準備支援事業、一時生活支援事業及び家計相談支援事業等の実施」も、任意とはいえ、書いてある内容は悪くない。

・就労に必要な訓練を日常生活自立、社会生活自立段階から有期で実施する「就労準備支援事業」
・住居のない生活困窮者に対して一定期間宿泊場所や衣食の提供などを行う「一時生活支援事業」
・家計に関する相談、家計管理に関する指導、貸付のあっせんなどを行う「家計相談支援事業」
・生活困窮家庭の子どもへの「学習支援事業」その他生活困窮者の自立の促進に必要な事業

だが、ここにも二つの問題がある。まず、さきほどと同じように、貧困ビジネスがこの事業の受け皿となれば、住居を提供し、形ばかりの「自立支援」を行って、結果的には貧困に滞留させる恐れがある。

また、これらの施策の中には、実際に就労能力を高める「公共職業訓練」の実施や利用の促進が明記されていない。手に職をつけるために、国家が本腰を入れなければ、なかなか就労には結びつかないだろう。ちなみに、日本の公的就労支援にかける費用は、対GDP比で欧米諸国の10分の1程度である。

## †中間的就労の促進

そして、③都道府県知事などによる就労訓練事業（いわゆる「中間的就労」）の認定に関しては、すでに述べたように、「中間的就労だから労働基準法は適用除外」ということが、大々的に行われる危険性があり、そして、それをブラック企業・貧困ビジネスが利用し、さらには、一般の人たちがブラック企業・貧困ビジネスとの「低賃金競争」にさらされる可能性がある。

とはいえ、この法律では「就労に必要な知識及び能力の向上のために必要な訓練等を行う事業を実施する場合、その申請に基づき一定の基準に該当する事業であることを認定する」としている。ただし、従来の中間的就労も、「建前」は何らかの「仕事経験」によって、働く意欲や可能性が高まるとしていた。

したがって、ただの低賃金就労にならないためには、この「一定の基準」や、実際の実施態勢について、きっちりとした社会の監視が重要になってくるだろう。

## †法改正をどう考えるべきか

生活保護法の改正案や、生活困窮者自立支援法案からは、先行する「バッシング」に便乗し、現実を無視した対応を推し進めようとしている政府の姿勢がうかがえる。窓口での提出書類の厳格化や、扶養照会の強化、自立の原則化、罰則強化などは、すべて「生保受給者は甘えているに違いない」という取締り的な発想からきているだろうし、生活困窮者自立支援法も、「生活保護に入る前に、自立の努力を促す」ことに主眼が置かれている。

もちろん、生活保護に陥る前に住居が提供されたり、就労促進が行われるのは、それ自体としてはよいことだ。そこは、「進歩」ではある。だが、現状に鑑みると、「自立支援」が、そうした受給者に対する差別意識の下に行われれば、貧困ビジネスやブラック企業の餌食となってしまう危険性の方が、はるかに高い。

また、そもそも、日本の生活保護受給者の圧倒的多数は高齢者と母子家庭、障害者や病人なのである。年金制度や住居、医療などの福祉が脆弱な日本では、今後、福祉が拡充されない限り、生活保護を受給するしかない人口は増える一方である。

たとえ就労の圧力を強めたとしても、働けない人は働けないし、働ける人にしてもただ劣悪な雇用へと投げ出され、一般の労働者との競合が強まってしまう。結局、自立支援の強化は必要だとしても、単独でこの貧困問題を解消できる「魔法のカード」ではないのだ。

生活保護の門戸《もんこ》をより広げるのか、それとも、一般的な福祉を大幅に強化するのか。この二択以外に、私たちに選択肢はない。そして、繰り返し述べてきたように、誰にとっても基本となる生活のニーズが満たされる、「普遍的福祉」こそが、対立を超え、効率的で合理的な福祉社会を構築する最良の道なのである。

# あとがき

違法行政が蔓延し、人々の生存が脅かされている。本書では、違法行政の結果、①必要な人が生活保護を受けられず、②保護を受けている間もハラスメントが横行し、健全な福祉が実施されず、さらには③違法に「追い出される」という実態を見てきた。

これらはすべて違法であるにもかかわらず、人々の「生活保護バッシング」に勢いを得て、「行政の暴走」のごとく進んでいるのである。そして、恐ろしいことに、今国会の生活保護法の改正は、この「暴走」を追認し、普及するかのような内容になっている。政府は近視眼的な「予算削減」にやっきになり、生活保護を「無駄な費用」だと断定しているようである。

だが、本書で一貫して示してきたように、生活保護制度は生活困窮者だけではなく、日本社会全体のために必要不可欠である。本書を一読いただければわかるように、生活保護を強引に削減しても、「貧困化」が進んでしまい、結果として日本社会は脆弱《ぜいじゃく》になっていくのである。

こうした、福祉が社会全体にとって、あるいは経済活動にとって不可欠だという見方は、今日にはじまったものではない。いわゆる「社会政策」という学問領域は、古くからそのように説いてきた。

一国の経済活動を成り立たせるためには、国の産業の担い手たる労働力が、健全に再生産されなければならない。労働者は健康を維持できるだけの賃金を得て、子どもを育てることができ、また、心身を破壊されることのない程度の労働時間に抑えられていることも必要とされる。医療制度や社会福祉も、こうした「労働力の保全・再生産」には不可欠である。これは、「当たり前」といえば、当たり前の話だ。

だが一方で、社会政策が経済問題を語るとき、それはどうしても「労働力の再生産」の問題に偏りがちで、「働くことのできない者」は別枠で考えられがちであった。私は労働・生活相談の現場に立っていて、そうした「働く者」と「働いていない者」の区別をすることの不合理性を強く感じた。こうした議論は、ともすると「働いている者」の健康を維持することは必要だが、「働いていない者」に対しては、「特別に福祉を与えてやっている」というように、一段低く見がちである。だから、なかなか生活保護の「必要性」をうまく説明することができない。

確かに、一般的に「働くこと」とは、雇われて働き、賃金を稼ぐことをいう。だが、雇われていない人は、「働いていない」というと多くの不都合が生じる。企業で働いていなくとも、家事をし、子育てをし、環境保全など、地域の活動を支えたり、その他さまざまな「社会参加」をしているからだ。

企業自身も、そうした子育てによって供給された労働力や、地域のよい環境、あるいは安全な地域社会など、さまざまな「利益」を享受して、はじめて安定した経済活動が可能になる。

本書で見てきたように、「働いている者」以外への福祉を「コスト」だとみなし、「貧困化」を進めていけば、これら、市場外での人間の活動はあっという間に枯渇し、破壊されてしまうだろう。その結果、日本はきわめて住みにくく、人間がすさみ、地域が荒廃し、人が育たない社会になる。

海外の貧困捕捉率を思い出してほしい。「貧困化」を防ぎ、社会を維持することは、どの国でも国家的重要性を持っていると、考えられているのである。

これに対し、日本人は生活保護制度を、「弱者救済」の問題だと考えがちである。本来国家の福祉制度にすぎないはずの生活保護に、非常に思想的・イデオロギー的な色彩を帯びさせている。

だから、いつも福祉の議論になると、「貧困者は救済すべき弱者か」「貧困などというのは甘えではなのか」という議論が巻き起こる。だが、これからの日本に本当に必要なのは、国家の制度としての生活保護が、どのような意義を持ち、どれだけその機能を果たしているのか、という冷静な政策的視点なのである。

本書が、生活保護行政の実態に徹底的に迫ることで、日本における、福祉に対する思考や議論の転換に少しでも役立てることができれば、望外の喜びである。

最後に、本書はNPO法人POSSEのボランティア・スタッフとして、日々生活保護相談を行う20代の仲間たちの力を結集することで、書き上げることができた。また、本書の分析は、新福祉国家構想研究会・雇用労働部会をはじめ、多くの研究会でお世話になってきた後藤道夫先生の研究成果を参考にさせていただいた。さらに、ソーシャルワーク実践の意義や理念については、尊敬する実践仲間である藤田孝典さんに強く刺激を受けた。皆様に、心からの感謝の気持ちを申し上げたい。

# 参考文献

## 1　単行本


池田和彦・砂脇恵（2009）『新・MINERVA福祉ライブラリー④　公的扶助の基礎理論――現代の貧困と生活保護制度』ミネルヴァ書房
大友信勝（2000）『公的扶助の展開――公的扶助研究運動と生活保護行政の歩み』旬報社
岡村重夫（1997）『社会福祉原論』全国社会福祉協議会
小野哲郎・白沢久一・湯浅晃三監修（1997）『シリーズ公的扶助実践講座①　現代の貧困と公的扶助行政』ミネルヴァ書房
小野哲郎・白沢久一・湯浅晃三監修（1997）『シリーズ公的扶助実践講座②　福祉事務所と社会福祉労働者』ミネルヴァ書房
唐鎌直義編（2008）『どうする！あなたの社会保障④　生活保護』旬報社
唐鎌直義（2012）『脱貧困の社会保障』旬報社
厚生労働省社会・援護局保護課（2012）『生活保護手帳　2011年度版』中央法規
厚生労働省社会・援護局保護課（2012）『生活保護手帳　別冊問答2012』中央法規
小山進次郎（2004）『生活保護法の解釈と運用　復刻版』全国社会福祉協議会
今野晴貴（2012）『ブラック企業――日本を食いつぶす妖怪』文藝春秋
後藤道夫（2011）『ワーキングプア原論』旬報社

生活保護問題対策全国会議監修（2011）『生活保護「改革」ここが焦点だ！』あけび書房
生活保護問題対策全国会議（2012）『間違いだらけの生活保護バッシング――Q&Aでわかる生活保護の誤解と利用者の実像』明石書店
全国「餓死」「孤立死」問題調査団編（2012）『「餓死・孤立死」の頻発を見よ！』あけび書房
副田義也（1995）『生活保護制度の社会史』東京大学出版会
副田義也（2008）『福祉社会学宣言』岩波書店
武智秀之（1996）『行政過程の制度分析』中央大学出版部
寺久保光良（1985）『「福祉」が人を殺すとき』あけび書房
寺久保光良（2012）『また、福祉が人を殺した』あけび書房
日本弁護士連合会生活保護問題緊急対策委員会編（2008）『生活保護　法的支援ハンドブック』民事法研究会
日本弁護士連合会貧困問題対策本部編（2011）『貧困ビジネス被害の実態と法的対応策』民事法研究会
藤田孝典（2013）『ひとりも殺させない――それでも生活保護を否定しますか』堀之内出版
藤藪貴治・尾藤廣喜（2007）『生活保護「ヤミの北九州方式」を糾す』あけび書房
尾藤廣喜・松崎喜良・吉永純編著（2006）『改訂新版　これが生活保護だ　福祉最前線からの検証』高菅出版
森川清（2011）『権利としての生活保護法　増補改訂版』あけび書房
吉永純（2011）『生活保護の争点――審査請求、行政運用、制度改革をめぐって』高菅出版
NHKクローズアップ現代取材班編著（2010）『助けてと言えない――いま30代に何が』文藝春秋
NHK取材班（2010）『NHK追跡！A to Z――逸脱する〝病院ビジネス〟』宝島社

## 2 論文

稲葉剛（2012）「生活保護バッシングは何を見失っているか」『世界』833：71-80ページ
稲葉剛（2012）「『不正』批判に追い詰められる受給者たち」『POSSE』16：32-46ページ
猪股正（2009）「宿泊所問題をめぐる埼玉の状況と取組——相談会活動をつうじて」『賃金と社会保障』1503：4-15ページ
後藤道夫（2004）「Ⅲ　日本型社会保障の構造——その形成と転換」渡辺治編『日本の時代史27　高度成長と企業社会』吉川弘文館：190-221ページ
後藤道夫（2005）「最低生活保障と労働市場」竹内章郎・中西新太郎・後藤道夫・小池直人・吉崎祥司『平等主義が福祉をすくう』青木書店：47-104ページ
藤田孝典（2009）「宿泊所依存を見直し居宅保護の推進と社会資源の創造を求めて」『賃金と社会保障』1503：16-29ページ
藤原千沙・湯澤直美（2010）「被保護母子世帯の開始状況と廃止水準」『大原社会問題研究所雑誌』620：49-63ページ
藤藪貴治（2008）「国のモデル・生活保護『ヤミの北九州方式』の違法性を検証する——門司・小倉北餓死事件の法的検証と、運用実態の解明」『学生法政論集』（九州大学）：95-111ページ

## 3 Web資料

北九州市生活保護行政検証委員会（2007）「最終報告書」
http://www.city.kitakyushu.lg.jp/files/000021300.pdf
厚労省社会・援護局保護課自立推進・指導監査室（2012）「社会・援護局関係主管課長会議資料　平成

24年3月1日（木）」
http://www.mhlw.go.jp/topics/2012/03/dl/tp0314-01_22.pdf
厚労省社会・援護局保護課自立推進・指導監査室（２０１３）「社会・援護局関係主管課長会議資料　平成24年3月11日（月）」
http://www.mhlw.go.jp/seisakunitsuite/bunya/hukushi_kaigo/seikatsuhogo/topics/dl/tp130315-01-03.pdf

ちくま新書
1020


生活保護《せいかつほご》
——知《し》られざる恐怖《きょうふ》の現場《げんば》

二〇一三年七月一〇日 第一刷発行

著　者　今野晴貴（こんの・はるき）

発行者　熊沢敏之

発行所　株式会社 筑摩書房
東京都台東区蔵前二-五-三 郵便番号一一一-八七五五
振替〇〇一六〇-八-四一二三

装幀者　間村俊一

印刷・製本　三松堂印刷 株式会社





乱丁・落丁本の場合は、左記宛にご送付下さい。
送料小社負担でお取り替えいたします。
ご注文・お問い合わせも左記へお願いいたします。
〒三三一-八五〇七 さいたま市北区櫛引町二-六〇四
筑摩書房サービスセンター 電話〇四八-六五一-〇〇五三





ISBN978-4-480-06728-9 C0236

659
現代の貧困
――ワーキングプア／ホームレス／生活保護
岩田正美
貧困は人々の人格も、家族も、希望も、やすやすと打ち砕く。この国で今、そうした貧困に苦しむのは「不利な人々」ばかりだ。なぜ？　処方箋は？　をトータルに描く。

673
ルポ 最底辺
――不安定就労と野宿
生田武志
野宿者はなぜ増えるのか？　フリーターが「若者」ではなくなった時どうなるのか？　野宿と若者の問題を同じ位相で捉え、社会の暗部で人々が直面する現実を報告する。

883
ルポ 若者ホームレス
飯島裕子
ビッグイシュー基金
近年、貧困が若者を襲い、20〜30代のホームレスが激増している。彼らはなぜ路上暮らしへ追い込まれたのか。貧困が再生産される社会構造をあぶりだすルポ。

955
ルポ 賃金差別
竹信三恵子
パート、嘱託、派遣、契約、正規……。同じ仕事内容でも、賃金に差が生じるのはなぜか？　非正規雇用という現代の「身分制」をえぐる、衝撃のノンフィクション！

897
ルポ 餓死現場で生きる
石井光太
飢餓で苦しむ10億人。実際、彼らはどのように暮し、生き延びているのだろうか？　売春、児童結婚、ＨＩＶ、子供兵など、美談では語られない真相に迫る。

809
ドキュメント 高校中退
――いま、貧困がうまれる場所
青砥恭
高校を中退し、アルバイトすらできない貧困状態へと落ちていく。もはやそれは教育問題ではなく、社会を揺るがす問題である。知られざる高校中退の実態に迫る。

736
ドキュメント 死刑囚
篠田博之
児童を襲い、残虐に殺害。死刑執行された宮﨑と宅間。そして確定囚の小林。謝罪の言葉を口にすることなく、むしろ社会を挑発した彼らの肉声から見えた真実とは。